U0095919

总主编 ◎ 楼宇烈

羊皮卷珍藏版

中|华|优|秀|传|统|文|化|经|典|丛|书

尚　书

钱宗武　译注

【下】

华龄出版社

HUALING PRESS

旅 獒

周武王克殷后，西旅国进献大犬。召公担心武王玩物丧志，告诫武王。史官记录召公的话，写成《旅獒》。

"明王慎德"四字为全篇总领，反映了周代以降的德治理念。德治的核心在于统治者要以身作则，发挥自身的道德垂范作用。《仲虺之诰》的"表正万邦"、《说命》上篇的"正于四方"、《洪范》的"皇极"思想、《君奭》的"作汝民极"，都是强调君王要做臣民的表率。儒家观点与此一致。孔子说："为政以德，譬如北辰，居其所而众星共之。"孔子认为统治者的德行应当像北极星那样耀眼，吸引臣民像众星一样拱卫在自己周围。孔子还说："远人不服，则修文德以来之。"仍然是强调统治者自身的道德力量。

《旅獒》还论述了"德"与"物"的关系，召公指出：

"人不易物，惟德其物"，"物"只是"德"的承载，其价值当从"德"的角度加以考量。因此他认为，四夷选送的贡品，应当是实用的器物，不能是奢侈的玩物；而君主应该把这些贡物分赐诸侯，以弘扬自己的德行，同时又可以督促诸侯恪尽职守。召公还特别强调，物因人贵，物贵由人，如果是有德之君所赐之物，则可称为贵重之物；倘若是无德之君所赐之物，则没有什么价值。因此，一个君王，如果要让自己的赏赐产生应有的功能意义，唯一的办法就是提升自己的德性修养和道德形象。

《旅獒》篇中召公对周武王的劝诫，多语言凝练，深刻精辟。诸如"玩人丧德，玩物丧志""不矜细行，终累大德""为山九仞，功亏一篑"，这些后来成为格言警句，发人深省，成为民族生命个体修身的座右铭。

惟克商，遂通道于九夷八蛮[1]。西旅厎贡厥獒[2]，太保乃作《旅獒》[3]，用训于王。

[注释]

1 九夷八蛮：泛指周王朝四境的各民族国家。夷，指古代东方各民族。蛮，指古代南方各民族。《尔雅·释地》："八蛮在南方。"

2 西旅：西方的旅国。厎：至，来。

3 太保：官名，这里指召公。

[译文]

武王胜商以后，便开通了前往各民族国家的道路。西方旅国来进贡那里的大犬，太保召公于是写了《旅獒》，用来劝谏武王。

以上是第一段，史官说明写作背景。

曰："呜呼！明王慎德[1]，四夷咸宾[2]。无有远迩，毕献方物[3]，惟服食器用。王乃昭德之致于异姓之邦[4]，无替厥服；分宝玉于伯叔之国，时庸展亲[5]。人不易物，惟德其物[6]。

[注释]

1 慎德：修身敬德。

2 宾：服从，归顺。《尔雅·释诂》："宾，服也。"

3 方物：《孔传》："方土所生之物。"即指地方土特产。

4 德之致：指贡品。《孔传》："德之所致，谓远夷之贡。"昭德之致于异姓之邦，意思是向异姓诸侯展示盛德带来的成果，实际上是指将方物特产分赐给他们，通过这种方式向他们展示周德的盛大。

5 展亲：展示亲爱之情。

6 德：动词，看作德。《书集传》："故诸侯亦不敢轻易其物，而以德视其物也。"

[译文]

召公说："啊！圣明的君王敬重德行，所以四周的民族都来归顺。不论远近，都贡献些各方的物产，仅仅是一些可供衣食器用的东西。明王于是向异姓国家昭示这些贡品，使他们不要荒废职事；分赐宝玉给同姓的国家，用这些东西展示亲情。人们并不轻视那些物品，而把那些物品看成德的展示。

以上第二段，召公劝谏武王慎德修行。

"德盛不狎侮[1]。狎侮君子[2]，罔以尽人心；狎侮小人[3]，罔以尽其力。不役耳目[4]，百度惟贞[5]。玩人丧德，玩物丧志。志以道宁，言以道接[6]。不作无益害有益[7]，功乃成；不贵异物贱用物[8]，民乃足。犬马非其土性不畜[9]，珍禽奇兽，不育于国。不宝远物[10]，则远人格；所宝惟贤，则迩人安。

[注释]

1 德盛：德行很盛。狎侮：轻慢。

2　君子：指官员。

3　小人：指民。《左传·襄公九年》："君子劳心，小人劳力。"

4　不役耳目：不被耳目所役使，就是不放纵声色的意思。

5　百度：《左传·昭公元年》杜预注："百事之节也。"贞：正，适当。

6　志以道宁，言以道接：《朱子语类》："接者，酬应之谓。言当以道酬应也。""志，我之志；言，人之言。"

7　无益：《孔传》："游观为无益。"

8　异物：《孔传》："奇巧为异物。"

9　土性：土生，土产。性，通"生"。畜：畜养。

10　宝：意动用法。以……为宝。

[译文]

"德盛的人不为轻慢之事。轻忽怠慢官员，就不可以使其尽心；轻忽怠慢民众，就不可以使其尽力。不被歌舞女色所役使，处理诸事就会适当。玩弄人会丧失德行，玩弄物会丧失志向。意志要依靠道来安宁；言论要依靠道来接物。不做无益的事来妨害有益的事，事就能成；不重视珍奇物品，民众就会富足。犬马不是土生土长的不养，珍禽奇兽不收养于国。不宝爱远方的物品，远人就会归顺；所尊重的是贤才，近人就能安居乐业。

以上第三段，召公劝诫武王不能玩物丧志。

"呜呼！夙夜罔或不勤[1]。不矜细行[2]。终累大德，为山九仞[3]，功亏一篑[4]。允迪兹[5]，生民保厥居，惟乃世王[6]。"

[注释]

1 夙夜：早晚。罔：不可。或：有。

2 矜：慎。见《孔传》。

3 仞：八尺。一说七尺。

4 亏：缺少。篑kuì：盛土的竹器。

5 允：信。迪：施行。兹：指诚言。

6 王wàng：称王。

[译文]

"啊！早晚不可有不勤德的时候。不注重细行，终究会损害大德，比如筑九仞高的土山，大功告成仅差一筐土。真能实行这些诚言，民众就能安居，周家就可以世代为王了。"

以上第四段，召公劝勉武王不可因细行而累大德。

金　縢

武王克商后二年，得了重病。周公祈祷先王，请求自己代替武王去死，以安定周邦。祝祷的册书收藏在金属条带扎束的匮中，史官记其事，名为《金縢》。

《金縢》反映了周初复杂的政治形势。武王死后，成王年幼，周公代理政事。周王室内部发生争权夺利的激烈斗争，管叔、蔡叔放出流言说周公将不利于成王，因此成王也怀疑周公，殷商遗民又趁机叛乱。内忧外患，国本摇动。周公毅然东征，经过艰苦征战，才取得辉煌胜利，新生的周王朝安然渡过严重的政治危机。

《金縢》还生动刻画了一个千古贤相的光辉形象。周公忠心不二，恪尽职守，大公无私，任劳任怨，成为历代官员永远的的精神楷模。

《金縢》反映了天人感应的神学思想。成王解释"大雷电以风"说："今天动威以彰周公之德。"可见人的德性能够影响上天。天人感应的理论，正是周人天命观念的主要内容，反映了殷周之际剧烈的思想观念变动。同时，"今天动威以彰周公之德"也开启了后世忠贞被冤而借天之异象伸冤的文学叙述模式，其中最著名的就是东海孝妇的故事（见《汉书》卷七十一）以及关汉卿由此改编创作的元杂剧《窦娥冤》。东海孝妇含冤被杀，"郡中枯旱三年"，后来冤情平反，"天立大雨，岁丰熟"，与本篇周公含冤时"天大雷电以风，禾尽偃"以及冤情昭雪后"天乃雨，反风，禾则尽起""岁则大熟"的情节如出一辙；而《窦娥冤》则在此基础上进一步发挥为"血溅白练""六月飞雪""三年亢旱"的灾异事件。

《金縢》是中国散文史上最重要的研究资料，显示出高超的写作技巧。开篇先记叙周公告神之事和册祝之文，特意记载周公把册书放入盒子的细节；接着叙写成王疑公，殷商遗民与三监内外勾结，周王朝险象环生；最后写上帝以"大雷电以风"示警，成王得金縢之书而彻底悔改，君臣叔侄和好如初。全文时空跨度很大，但作者巧妙地以"金縢"作为线索贯穿前后，凭借高超的叙事技巧，条理分明地记载了周公从作"金縢"策书，到成王看到"金縢"而醒悟的数年所发生的事情。尤其值得注意的是，《尚书》各篇多记言，而

《金縢》则明显地具有叙事性质。孔颖达指出："此篇叙事多而言语少。"朱熹则进一步发掘《金縢》的文体价值："《金縢》本史官记事之文，意在发明周公之忠荩，特借金縢一事以显之，与后世史家纪事本末体略相当。"

清华简有《周武王有疾周公所自以代王之志》一篇，内容与传世本《金縢》基本一致而篇题不同。

既克商二年，王有疾，弗豫[1]。二公曰[2]："我其为王穆卜[3]。"周公曰："未可以戚我先王[4]？"公乃自以为功[5]，为三坛同墠。为坛于南方，北面，周公立焉。植璧秉圭[6]，乃告太王、王季、文王[7]。

[注释]

1 豫：《尔雅·释诂》："乐也。"

2 二公：指太公和召公。

3 穆：恭敬。

4 戚：通"祷"，告事求福。未可以戚我先王，是反问句。见《尚书易解》。

5 功：质，今言抵押。自以为功，即以自身作抵押。

6 植：郑玄云："古'置'字。"璧：圆形的玉。圭：上圆下方的玉。古代祈祷要用圭、璧等。

7 太王：武王的曾祖。名古公亶父。王季：武王的祖父。名季历。文王：武王的父亲，名昌。

［译文］

　　周灭商后的第二年，武王生了重病，身体不适。太公、召公说："我们为王恭敬地卜问吉凶吧！"周公说："不可以向我们先王祷告吗？"周公就把自身作为抵押，清除一块土地，在上面筑起三座祭坛。又在三坛的南方筑起一座台子，周公面向北方站在台上。放着玉，拿着圭，就向先王太王、王季、文王祷告。

　　史乃册[1]，祝曰："惟尔元孙某[2]，遘厉虐疾[3]。若尔三王是有丕子之责于天[4]，以旦代某之身！予仁若考能[5]，多材多艺[6]，能事鬼神。乃元孙不若旦多材多艺，不能事鬼神。乃命于帝庭[7]，敷佑四方[8]，用能定尔子孙于下地。四方之民罔不祗畏。呜呼！无坠天之降宝命，我先王亦永有依归。今我即命于元龟，尔之许我[9]，我其以璧与珪归俟尔命；尔不许我，我乃屏璧与珪[10]。"

［注释］

　　1　册：动词，写册书。

　　2　惟：句首语气助词。元：长。某：指周武王姬发。史官避讳，不书周武王姓名。《尚书覈诂》："某，《史记》

作'王发'，周史讳其名也。"

3　遘：遇到。厉：危。虐：恶。

4　是：这时。丕子：读为"布兹"。兹是席名，布兹就是布席。举行祭祀，先须布席，所以布席就是助祭。说见《尚书正读》。丕子之责，即助祭的职责。

5　仁：通"佞"，善言。俞樾《群经平议》："'仁'当读为'佞'。《说文·女部》：'佞，巧谄高材也。''佞'与'巧'义相近，'仁'与'巧'则不类矣。《周本纪》'为人巧佞'，亦以'巧''佞'连文。是其证矣。"若：柔顺。考：通"巧"。《史记》作"巧"。"仁""若""考""能"四个形容词并列，作谓语。

6　材、艺：都指技术。

7　乃：《词诠》："始也，初也。"命：受命。见《孔传》。

8　敷：普遍。佑：读为"有"。王国维云："盂鼎云'匍有四方'。知佑为有之假借，非佑助之谓矣。"

9　尔：指三王。之：如果。《经传释词》："之，犹'若'也。""《金縢》曰：'尔之许我，我其以璧于珪，归俟尔命。'言尔若许我也。"

10　屏bǐng：《孔传》："藏也。"

［译文］

史官就写了策书，祝告说："你们的长孙姬发，遇到险恶的病。假若你们三位先王这时在天上有助祭的职责，就用我姬旦代替他的身子吧！我善言、柔顺、灵巧、能干，多才多艺，能奉事鬼神。你们的长孙不如我多才多艺，不能奉事鬼神。刚刚他在上天那里接受了任命，广有四方，因此能够在人间安定你们的子孙。天下的民众也没有一个不敬畏他。唉！不要丧失上天降给的宝贵使命，我们的先王也就永远有所归依。现在，我来听命于大龟，你们允许我，我就拿着璧和圭归向你们，等待你们的命令；你们不允许我，我就收藏璧和珪（不敢再请求了）。"

乃卜三龟，一习吉[1]。启籥见书[2]，乃并是吉。公曰："体[3]！王其罔害。予小子新命于三王[4]，惟永终是图[5]；兹攸俟，能念予一人。"公归，乃纳册于金縢之匮中。王翼日乃瘳[6]。

［注释］

1　一：都。习：重复。

2　启：开。籥yuè：写兆书的竹简。书：占卜的文字。

3　体：兆形。见《周礼·春官·占人》注。

4　命：《尔雅·释诂》："命，告也。"

5 惟永终是图：宾语前置，即"惟图永终"。

6 翼日：明日。"翼"通"翌"。瘳chōu：《说文·疒部》："疾瘳也。"

[译文]

于是卜问三龟，都重复出现吉兆。打开竹简看卜文，竟然都是吉利。周公说："根据兆形，王会没有危险。我方才向三位先王祷告，只图国运长远；现在期待的，是先王能够俯念我谋国长远的诚心。"周公回去，把册书放进金属带子扎束的匣子中。第二天，周武王的病就好了。

以上第一段，记叙周公祈求先王让他代替武王之死，以安定周邦。

武王既丧[1]，管叔及其群弟乃流言于国[2]，曰："公将不利于孺子[3]。"周公乃告二公曰："我之弗辟[4]，我无以告我先王。"周公居东二年[5]，则罪人斯得[6]。于后，公乃为诗以贻王，名之曰《鸱鸮》[7]。王亦未敢诮公[8]。

[注释]

1 丧：死。《史记·封禅书》："武王克殷二年，天下未宁而崩。"

2　管叔：名鲜。郑玄云："周公兄，武王弟，封于管。"群弟：指蔡叔、霍叔。

3　孺子：年幼的人，指成王。

4　辟bì：《尔雅·释诂》："君也。"这里指摄政为君。

5　居东：居在东土，指东征。

6　罪人：指武庚和三叔等。斯：乃。见《经传释词》。

7　《鸱鸮》：今存《诗经·豳风》中。《诗序》："《鸱鸮》，周公救乱也。成王未知周公之志，公乃为诗以遗王，名之曰《鸱鸮》焉。"

8　亦：《词诠》："副词，只也，特也，但也。"诮qiào：责备。

[译文]

武王去世后，管叔和他的几个弟弟就在国内散布谣言。说："周公将会对年幼的成王不利。"周公就告诉太公、召公说："我不摄政，我将无法向我的先王交代。"周公留在东方两年，罪人就被捕获了。后来，周公写了一首诗送给成王，叫它为《鸱鸮》。成王只是不敢责备周公（心中实生疑忌）。

以上第二段，记成王因流言而怀疑周公。

秋[1]，大熟，未获[2]，天大雷电以风[3]。禾尽偃，大木斯拔[4]，邦人大恐。王与大夫尽弁以启金縢之书[5]，乃得周公所自以为功代武王之说[6]。二公及王乃问诸史与百执事[7]。对曰："信[8]。噫[9]！公命我勿敢言。"

王执书以泣，曰："其勿穆卜！昔公勤劳王家，惟予冲人弗及知[10]。今天动威以彰周公之德，惟朕小子其新逆[11]，我国家礼亦宜之。"王出郊，天乃雨，反风，禾则尽起。二公命邦人凡大木所偃，尽起而筑之[12]。岁则大熟。

[注释]

1 秋：指"周公居东二年，罪人斯得"以后的秋天。

2 未获：尚未收获。获，《说文·禾部》："刈谷也。"

3 以：《广雅》："与也。"

4 斯：尽。见《吕氏春秋·报更》注。

5 弁：礼帽，这里用作动词，戴上礼帽。

6 说：祷告的祝辞。

7 百执事：众多办事官员。

8 信：确实。

9 噫：唉。叹词。

10 冲人：年幼的人。

11 新：马融本作"亲"。逆：迎接。

12 筑：用土培根。《经典释文》："谓筑其根。"

[译文]

秋天，百谷成熟，还没有收获，天空雷电大作，刮起大风，庄稼都倒伏了，大树都被拔起，国人非常恐慌。周成王和大夫们都戴上礼帽，打开金属带子扎束的匣子，于是得到了周公以自身为质请代武王的祝辞。太公、召公和成王就询问众史官以及众多办事官员。他们回答说："确实。唉！周公告诫我们不能说出来。"

成王拿着册书哭泣，说："不要敬卜了！过去，周公勤劳王室，我这年轻人没有来得及了解。现在上天动怒来表彰周公的功德，我小子要亲自去迎接，我们国家的礼制也应该这样。"成王走出郊外，天就下着雨，风向也反转了，倒伏的庄稼又全部立起来。太公、召公命令国人，凡大树所压的庄稼，要全部扶起来，又培好根。这一年于是获得大丰收。

以上第三段，记成王得金縢之书，幡然悔悟，亲迎周公。

大　诰

　　周武王灭商以后，实行以殷治殷的策略，把商纣王的儿子武庚封在殷商旧都，同时把殷商的王畿划分为邶、鄘、卫三个封区，分别由周武王的三个弟弟管叔、霍叔和蔡叔统治，监视武庚，史称"三监"。周武王去世后，成王继位。当时成王年幼，由周公摄政。武庚趁机勾结"三监"，联合徐、奄、熊、盈等东方邦国和部落，发动大规模武装叛乱。周公决定平叛，然而，侯伯和大臣们认为困难很大，纷纷劝说周公违背龟卜，放弃东征。周公于是大诰各诸侯国的国君和众位大臣，劝勉他们协力平叛。史官记录诰辞，名叫《大诰》。

　　蔡沈《书集传》说："此篇诰语，多主卜言。""周公以讨叛卜吉之义，与天命人事之不可违者，反复诰谕之也。"篇中"用宁王遗我大宝龟,绍天明"一句值得注意,卜龟乃是文王所传授,用来占问天命,卜龟不仅勾连着天与人,还勾连着古与今。占卜不仅是天命,还承载着先祖遗志。

《大诰》是第一篇记叙摄政王诰词的文献。古老的摄政制度一直延续到近代。《大诰》开篇"王若曰"以及《康诰》《酒诰》《梓材》诸篇的"王"都指周公。《礼记·名堂位》:"周公践天子之位以治天下。"《史记·鲁周公世家》:"武王既崩,成王少,在强葆之中。周公恐天下闻武王崩而畔,周公乃践祚,代成王摄行政,治天下。"《尚书正义》引郑玄说:"王,谓摄也。周公居摄,命大事则权代王也。"王国维《殷周制度论》指出:"殷以前无嫡、庶之制。""是故大王之立王季也,文王之舍伯邑考而立武王也,周公之继武王而摄政称王也,自殷制言之,皆正也。舍弟传子之法实自周始。当武王之崩,天下未定,国赖长君,周公既相武王,克殷胜纣,勋劳最高,以德以长,以历代之制,则继武王而自立,固其所矣,而周公乃立成王而己摄之,后又反政焉。摄政者,所以济变也。立成王者,所以居正也。自是以后,子继之法遂为百王不易之制矣。"

文献记载,周公东征,打得十分艰苦,士兵们的兵器都折损了。《诗经·豳风·破斧》说:"既破我斧,又缺我斨。周公东征,四国是皇。"最终,经过两年苦战,周公清剿了殷商的复辟势力，稳定了西周局势。

学术界公认《大诰》为西周初年的作品。周公东征，周王朝转危为安，天下复归统一，是周初重大事件，因此，这篇诰辞具有很高的史料价值。

《大诰》文辞古奥，类似西周金文，诂训纷纭，见仁见智，是训诂学研究的重要语料。

王若曰[1]："猷[2]！大诰尔多邦越尔御事[3]。弗吊[4]！天降割于我家[5]，不少延[6]。洪惟我幼冲人[7]，嗣无疆大历服[8]。弗造哲[9]，迪民康，矧曰其有能格知天命[10]？

[注释]

1 王：指摄政王周公。若：如此，这样。

2 猷：哟。叹词。《书集传》："猷，发语辞也。"

3 多邦：众诸侯国。越：《广雅·释诂》："与也。"

4 吊：善。弗吊，犹言不幸。

5 割：通"害"，灾害。《经典释文》："割，马本作'害'。"

6 延：间断。《尔雅·释诂》："延，间也。"

7 洪惟：句首语气助词。王引之说。金文作"弘唯"。冲：稚。我幼冲人，周公自谦之称。

8 历：《小尔雅·广诂》："久也。"服：《尔雅·释诂》："事也。"大历服，伟大久远的事业。指王业。

9 造：通"遭"，遭遇。哲：明智的人。

10 矧shěn：况且。格：度量。江声说。《文选·芜城赋》："格高五岳。"李善注引《苍颉篇》："格，量度也。"

[译文]

王这样说："哟！遍告你们各国君主和你们的办事大臣。不幸啊！上天给我们国家降下灾祸，不稍间断。我这个幼稚的人继承了远大悠久的王业。没有遇到明哲的人，指导老百姓安定下来，何况说会有能度知天命的人呢？

"已[1]！予惟小子，若涉渊水，予惟往求朕攸济[2]。敷贲敷前人受命[3]，兹不忘大功。予不敢闭于天降威[4]，用宁王遗我大宝龟[5]，绍天明[6]。即命曰[7]：'有大艰于西土，西土人亦不静，越兹蠢[8]。殷小腆诞敢纪其叙[9]。天降威[10]，知我国有疵[11]，民不康，曰：予复！反鄙我周邦[12]，今蠢今翼[13]。日民献有十夫予翼[14]，以于敉宁、武图功[15]。我有大事，休？[16]朕卜并吉。

[注释]

1 已：唉，叹词。

2 攸：所以。济：渡。攸济，即渡过的方法。说见《经传释词》。

3 敷贲：大龟。《诗经·大雅·常武》："铺敦淮濆。"《韩诗》"铺"作"敷"，云："大也。"贲，《尔雅·释鱼》："龟三足，贲。"敷前人：辅佐前人。敷，通"辅"。详见《尚书易解》。

4 闭：藏着。威：可畏的事，指灾难。天降威，即天降灾难。

5 宁王（甯王）：文王。古字"宁"（"甯"）和"文"形近，因而致误。详吴大澂《字说》。

6 绍：通"卲shào"，《说文·卜部》："卲，卜问也。"说见《尚书故》。天明：即天命。杨树达谓"明"是"命"之假借字。

7 即命：就龟而告。

8 越：《经传释词》："犹'及'也。"兹：这时。蠢：动。

9 朕：主。小朕，小主，谓武庚。黄式三说。诞：句中语气助词，无义。纪：《尚书易解》："纪，理也。"叙：《尔雅·释诂》："绪也。"绪，《楚辞·涉江》王逸注："余也。"

10 威：通"畏"，可畏的事。天降威，天降可畏的事，指武王死了。

11 疵：病，困难。指成王年幼，周公被疑。

12 鄙：图谋。王先谦云："古文'啚'为'鄙'，与'图（圖）'字形近，其义当为'图'。"

13 蠢：动。翼：通"翊"，"翊"即"翅"字，《说文·羽部》："翅，飞貌。"今蠢今翼，现在动起来、飞起来了，形容形势危急。此俞樾说。

14 日：近日。献：贤，指贤人。予翼：即翼予，宾语前置。翼，辅佐。

15 粊mǐ：《尚书启幪》："粊弥通，终也。"这里是完成的意思。图，大。王引之说。

16 大事：兵事，战事。《左传·成公十三年》："国之大事，在祀与戎。"《孙子兵法·始计》："兵者，国之大事。"休：曾运乾云："犹言休否，问辞也。"

[译文]

"唉！我小子像渡涉深渊，我应当前往寻求我渡过去的办法。大宝龟帮助前人接受天命，至今不能忘记它的大功。在上天降下灾难的时刻我不敢把它闭藏着，用文王留给我们的大宝龟，卜问天命。我走近大龟祷告说：'在西方有大灾难，西方人也不安静，现在也蠢动了。殷商的小主竟敢组织他的残余力量。上天降下灾祸，他们知道我们国家有困难，民众不安定。他们说：我们要复国！他们造反图谋我们周国，现在他们行动了。这些天有十位贤者来帮助我，我要和他们前往完成文王、武王的伟大事业。我们将有战事，会吉利吗？’我的卜兆全都吉利。

"肆予告我友邦君越尹氏、庶士、御事[1]，曰：'予得吉卜，予惟以尔庶邦于伐殷逋播臣[2]。'尔庶邦君越庶士、御事罔不反曰：'艰大，民不静，亦惟在王宫邦君室[3]。越予小子考翼[4]，不可征，王害不违卜[5]？'

[注释]

1 肆：所以。越：与。尹氏：史官。庶士：众士。

2 惟：谋。以：与。于：往。逋：逃亡。播：散。

3 惟：有。见《东京赋》薛综注。管叔、蔡叔都是王室成员，武庚是邦君，故云"在王宫邦君室"。

4 越：句首语气助词。予小子：庶邦君自称。考翼：曾运乾云："考翼，犹言考慎也。"又引《谥法》曰："大虑行节曰考，思虑深远曰翼。"

5 害：通"曷"，何，为什么。《广雅·释诂》："害、曷，何也。"王念孙疏证："害、曷一字也。"

[译文]

"所以我告诉我的友邦国君和各位大臣说：'我现在得

到了吉卜，打算和你们各国去讨伐殷商那些叛乱的罪人。'
你们各位国君和各位大臣没有人不反对说：'困难很大，民
众不安宁，也有在王室和邦君室的人。我们这些小子深思熟
虑，（认为）不可征讨。大王为什么不违背龟卜呢？'

"肆予冲人永思艰[1]，曰：呜呼！允蠢鳏寡[2]，哀
哉！予造天役[3]，遗大投艰于朕身[4]。越予冲人不卬自
恤[5]。义尔邦君越尔多士、尹氏、御事绥予曰[6]：'无毖
于恤[7]，不可不成乃宁考图功[8]。'

"已！予惟小子，不敢替上帝命[9]。天休于宁王[10]，
兴我小邦周，宁王惟卜用，克绥受兹命[11]。今天其相
民，矧亦惟卜用[12]？呜呼！天明畏[13]，弼我丕丕基！"

[注释]

1　肆：《尔雅·释诂》："今也。"

2　允：信，真的。蠢：动，惊动。鳏寡：指苦难的人。

3　役：役使。

4　遗：当读为"惟"。《国风·齐风·敝笱》"其鱼唯
唯"，《韩诗》作"遗遗"，可证"惟"与"遗"相通。见
《尚书易解》。投：掷。付予。艰：难事。

5　越：句首语气词。卬：我。恤：忧虑。"不卬自恤"
为宾语前置句，《汉书》引为"不身自恤"。颜师古注：

"非自忧己身也。"

6　义：宜，应当。刘起釪云："谊、义古通用，是
'宜'的意思。在这里作为'绥'字的副词，即'应
该'。"绥：安慰。

7　无：通"勿"，不要。毖：畏慎，恐惧。

8　宁考：文考。图功：大业。

9　不敢替上帝命：《孔传》："不敢废天命，言卜吉当
必征之。"

10　休：嘉惠。

11　绥：安。

12　矧：《经传释词》："矧，犹'又'也。"

13　天明：天命。天明畏：即畏天明，宾语前置句。

[译文]

　　"现在我深深地考虑着艰难，我说：唉！确实惊扰了苦
难的人民，真痛心啊！我受天命的役使，上天把艰难的事重
托给我，我无暇只为自身忧虑。你们各位邦君与各位大臣
应该安慰我说：'不要被忧患吓倒，不可不完成您文王的大
业！'

　　"唉！我小子不敢废弃天命。上天嘉惠文王，振兴我们
小小的周国，当年文王只使用龟卜，能够承受这天命。现在
天帝要帮助民众，何况也是使用龟卜呢？啊！天命可畏，请

辅助我们伟大的事业吧！"

以上第一段，周公宣布得了吉卜，劝导邦君群臣服从天命，参加东征。

王曰："尔惟旧人[1]，尔丕克远省[2]，尔知宁王若勤哉[3]！天闷毖我成功所[4]，予不敢不极卒宁王图事[5]。肆予大化诱我友邦君[6]：天棐忱辞[7]，其考我民[8]，予曷其不于前宁人图功攸终[9]？天亦惟用勤毖我民[10]，若有疾，予曷敢不于前宁人攸受休毕[11]？"

[注释]

1 惟：《玉篇》："为也。"旧人：老臣。

2 丕：大，多。省：省识。

3 若：《尚书正读》："若，如何也。"

4 闷bì：慎重。毖：告诉。所：意。此处指天意。详见杨树达《古书疑义举例续补·‘所’作‘意’义用例》。

5 极：通"亟"，快速。王引之说。

6 化诱：教化诱导。

7 棐fěi：辅助。忱辞：诚信的话。指宝龟所示的吉兆。

8 考：成就。

9 于：往。攸：通"猷"，谋求。终：完成。

10 毖：劳心。

11 休：善。毕：消除疾病。孙诒让说。

[译文]

王说："你们是老臣，你们多能远知往事，你们知道文王是如何勤劳的啊！上天慎重地告诉我们（将会）成功的意旨，我不敢不快速完成文王的大业。现在我劝导我们友邦的君主：上天用诚信的话帮助我们，要成全我们的百姓，我们为什么不谋求完成前文王的大业呢？上天也许要使我们的臣民勤劳，好像有疾病，我们怎敢不对前文王所受的疾病好好攘除呢？"

王曰："若昔朕其逝¹，朕言艰日思²。若考作室，既厎法³，厥子乃弗肯堂⁴，矧肯构⁵？厥父菑⁶，厥子乃弗肯播，矧肯获？厥考翼其肯曰⁷：予有后弗弃基？肆予曷敢不越卬敉宁王大命⁸？若兄考⁹，乃有友伐厥子¹⁰，民养其劝弗救¹¹？"

[注释]

1 若昔：黄式三云："如前也。"指过去周公随武王伐纣。其：将要。逝：往。

2 艰日思：艰难日子里的想法。说见《尚书易解》。

3 厎：定。

4 堂：基，打基础。"堂"字从尚，从土，指高平的土地，可作房基。"堂"与"坛"字义相近。《金縢》："三坛同墠。"马融注："坛，土堂。"《左传·哀公元年》："室不崇坛。"杜预注："平地作室，不起坛也。"杨伯峻注："古代贵族为室，必先有坛，高于平地，然后起屋。"矧：又。下文"矧肯获"，同。构：盖，盖屋。

5 矧：又。构：盖，盖屋。

6 菑zī：新垦的土地。

7 考翼：考虑。其：岂，难道。

8 越：在。

9 考：终，死。见《楚辞·九叹》注。

10 友：《尚书易解》："犹群也。"

11 养：长。说见《尚书集注音疏》。民养，人民之长，指诸侯和官员。

[译文]

王说："像往日讨伐纣王一样，我将要前往，我想说些艰难日子里的想法。好像父亲建屋，已经确定了办法，他的儿子却不愿意打地基，又愿意盖屋吗？他的父亲新开垦了田地，他的儿子却不愿意播种，又愿意收获吗？这样，他的父亲考虑以后，难道愿意说，我们有后人不会废弃我的基业吗？所以我怎敢不亲自完成文王伟大的使命呢？又好比兄长

死了，却有人群起攻击他的儿子，为民长官难道能够相劝不
救吗？"

以上第二段，驳斥东征"艰大"的说法，强调邦君群臣
必须完成文王大业。

王曰："呜呼！肆哉[1]，尔庶邦君越尔御事。爽邦由
哲[2]，亦惟十人迪知上帝命越天棐忱[3]，尔时罔敢易法[4]！
矧今天降戾于周邦[5]？惟大艰人诞邻胥伐于厥室[6]，尔亦
不知天命不易？

"予永念曰：天惟丧殷，若穑夫，予曷敢不终朕
亩[7]？天亦惟休于前宁人[8]，予曷其极卜[9]？敢弗于从率宁
人有指疆土[10]？矧今卜并吉？肆朕诞以尔东征[11]。天命不
僭，卜陈惟若兹[12]！"

[注释]

1 肆：《尔雅·释诂》郭注："极力。"

2 爽：《说文·焱部》："明也。"这里指使……清
明。哲：哲人。

3 惟：有。十人：《孔传》："谓民献十夫来佐周。"
迪：引导。越：与。棐忱：辅助诚信的人。

4 时：是，代词。罔敢：《汉书·翟方进传》王莽依
《周书》作《大诰》："粤天辅诚，尔不得易定。"知"罔

敢"即不得、不能。易法：即易废，怠弃的意思。法，通
"废"。金文"废"多作"法"。尔时罔敢易法，即尔罔敢
怠慢是，否定句的代词宾语前置。

5 矧：况且。戻：《广雅·释诂》："定也。"这里指
定命。

6 大艰人：发动叛乱的大罪人，指三监和武庚。诞：通
"延"，延请。说见《尚书覈诂》。邻：邻国。指武庚。
胥：相。永：长，长时间。

7 穑夫：农夫。终朕亩：终竟我农亩之事。

8 惟：思。休：嘉惠。

9 极：放弃。《仪礼·大射仪》注："极，犹放
也。""极卜"与上文"王害不违卜"的"违卜"义相应。

10 于：往。从：《尔雅·释诂》："重也。"率：循
行，行视。指：旨，美。《汉书·王莽传》作"旨"。有指
即美好。

11 诞：语中语气助词。见《经传释词》。以：率领。

12 陈：《国语·齐语》韦昭注："示也。"兹：哉，
句末语气助词。见《词诠》。

[译文]

王说："啊！努力吧，你们诸位邦君和各位官员。使国
家清明要任用明智的人，现在也有十个人引导我们知晓天命

以及上天辅助诚信的道理，你们不能轻视这些！何况现在上天已经给周国降下了定命呢？那些发动叛乱的大罪人，勾结邻国，同室操戈，你们也不知天命不可改变吗？

"我长时间考虑着：上天要灭亡殷国，好像农夫一样，我怎敢不完成我田里的工作呢？上天也想嘉惠我们先辈文王，我们怎能放弃吉卜呢？怎敢不前去重新巡视文王美好的疆土呢？更何况今天的占卜都是吉兆呢？所以我要率领你们东征，天命不会有差错，卜兆的指示应当遵从呀！"

以上第三段，驳斥"违卜"的要求，说明必须敬奉天命。

微子之命

    微子，名启，纣王的同母长兄，帝乙的长子。据《商书·微子》《史记》的《殷本纪》和《宋微子世家》，微子见商纣王酗酒失德，荒淫无道，不听劝谏，就隐遁荒野，周武王灭商后，主动归顺周王室。周公东征诛杀武庚，周成王就册命微子为宋国国君。史官记录诰命，叫作《微子之命》。

    微子入周后，何能受到"作宾于王家"的礼遇？因为微子"统承先王，修其礼物"。蔡沈《书集传》说："礼，典礼。物，文物也。修其典礼文物，不使废坏，以备一王之成法也。孔子曰：'夏礼吾能言之，杞不足征也；殷礼吾能言之，宋不足征也。文献不足故也。'殷之典礼，微子修之。至孔子时，已不足征矣，故夫子惜之。"微子是商代乐舞威仪的继承者，为周礼的制作奠定了基础。周王室为了建立自己的礼乐制度不遗余力优待前朝遗老，可见周礼的制作离不开殷代乐舞威仪的传承，也可见周初统治者对于礼乐文明的渴求。

王若曰：“猷！殷王元子[1]。惟稽古，崇德象贤[2]，统承先王[3]，修其礼物[4]，作宾于王家[5]，与国咸休[6]，永世无穷。

“呜呼！乃祖成汤克齐圣广渊[7]，皇天眷佑，诞受厥命。抚民以宽[8]，除其邪虐。功加于时[9]，德垂后裔[10]。

“尔惟践修厥猷[11]，旧有令闻[12]。恪慎克孝[13]，肃恭神人[14]。予嘉乃德，曰笃不忘[15]。上帝时歆[16]，下民祗协，庸建尔于上公[17]，尹兹东夏[18]。

[注释]

1 殷王元子：元子，长子。微子是殷王帝乙的长子，纣的庶兄，所以称他为殷王长子。

2 崇德：崇重有德。象贤：效法先贤。

3 统：嫡系血统。

4 礼物：礼制文物。

5 宾：客。《书集传》：“以客礼遇之也。”

6 休：美。

7 齐：肃敬。圣：明通。渊：深远。《书集传》：
"齐，肃也。齐则无不敬，圣则无不通。广，言其大。渊，
言其深也。"

8 宽：宽政。

9 加：施加。时：当时。功加于时，是说汤的功绩施于
当时。

10 垂：流传。

11 尔：指微子。践修：履行。古代履叫践，行叫修。
猷：道。

12 令闻：美好的名声。

13 恪：谨。

14 肃恭神人：以恭敬事神治人。

15 曰：谓。笃：纯厚。曰笃不忘，《孔传》："谓厚
不可忘。"

16 歆：欣然。《国语·周语》"民歆而德之"注：
"歆，犹欣欣。"时歆，对此欣欣。

17 庸：用。上公：周制，三公八命，出封时加一命，
称上公。

18 尹：治理。东夏：东夏地区，指宋国。《孔传》：
"东方华夏之国，宋在京师东。"《书集传》："宋亳在东，故
曰东夏。"

［译文］

成王这样说："哟！殷王的长子。稽考古代，尊崇盛德、效法先贤，继承先王的传统，施行他的礼制文物，你做我们周王家的贵宾，跟王家同样美好，世代绵长，无穷无尽。

"啊呀！你的祖先成汤，能够肃敬、圣明、广大、深远，被皇天顾念佑助，承受了天命。他用宽和的办法安治臣民，除掉邪恶暴虐之徒。功绩施展于当时，德泽流传于后裔。

"你履行成汤的治道，早有美名。谨慎能孝，恭敬事神治人。我赞美你的美德，诚纯厚重，不可忘怀。上天对这种美德很欣喜。下民对你敬爱和睦，因此立你为上公，治理这块东夏地区。

以上第一段，说明册命微子治理宋国的原因。

"钦哉！往敷乃训。慎乃服命¹，率由典常，以蕃王室²。弘乃烈祖³，律乃有民，永绥厥位，毗予一人⁴。世世享德，万邦作式⁵，俾我有周无斁⁶。

"呜呼！往哉惟休⁷！无替朕命⁸。"

［注释］

1 慎：《尔雅·释诂》："诚也。"服：职位。命：使命。服命，指上公的职位和使命。

2 蕃：通"藩"，屏障，保卫。

3 烈：功业。烈祖，有功业之祖，指成汤。

4 毗pí：辅助。见《孔传》。

5 式：法，榜样。

6 俾：《尔雅·释诂》："从也。"致yì：厌倦。见《孔传》。

7 休：美、善。往哉惟休，《书集传》："叹息言汝往之国，当休美其政。"

8 替：废弃。

[译文]

"要恭敬呀！前去发布你的政令。真诚对待你的上公职位与使命，遵循常法，以保卫周王室。弘扬你英明先祖的治道，规范你的民众，长久安居上公之位，辅助我一人。这样，你的世世子孙会享受你的功德，万邦诸侯会以你为榜样，服从我周王室而不懈怠。

"啊！前去吧，要好好地干！不要废弃我的诰命。"

以上第二段，勉励微子遵守常法以拱卫周王室。

康　诰

　　《史记·卫世家》记载：周公东征，诛杀商纣王的儿子武庚和参加叛乱的管叔，放逐了蔡叔。分封康叔于黄河和淇水之间的殷商故地，管理先前由武庚统治的殷民。康叔名封，是周武王的同母幼弟。周公忧虑康叔年轻，反复告诫治理之法，史官记录诰辞，写成《康诰》。《尚书大传》云："四年，建侯卫而封康叔。"四年，是指成王四年，也就是公元前1059年。

　　《康诰》反映了周公的政治理念，核心在于"明德慎罚"的治殷原则。周公首先总结历史经验，指出周先王正是遵循这条原则，方得兴周灭商。同时，周公亲自参与并领导了伐殷、东征等一系列重大历史事件，他从历史的巨变和激烈的阶级对抗中，认识到民众的力量，认识到争取民心的重要意义。因此，周公竭力主张巩固周王朝的统治必须征服殷商民心。

"明德慎罚"就是"庸庸（任用可任用的人）、祗祗（尊敬可尊敬的人）、威威（惩罚应当惩罚的人）"。"庸庸""祗祗"属于"明德"的范畴；"威威"则属于"慎罚"的范畴。实际上也就是孔子所说的"宽猛相济"的统治政策和策略。周公告诫康叔，对那些虽然罪恶不大但明知故犯坚持不改的人，要毫不犹豫地杀一儆百；对于那些即使犯了大罪但不是故意作恶坚持不改的人，要减轻刑罚。周公还具体规定了施用刑罚的准则以及刑律的条目，譬如要慎重地审查犯人的供词，对于犯人的供词一定要考虑到五六天，甚至十天；对于"不孝不友"的"元恶大憝"一定要"刑兹无赦"；对于"乃别播敷造民"的大臣或官吏也应施以重刑。阐明了尚德慎行、敬天爱民的道理，强调用德政教化殷民，巩固周王朝的统治。以德服人、攻心为上、刚柔并用、缓刑慎罚成为历代明君贤臣理政治民的重要方法。

《康诰》还出现了与"西土"相对的"东土"概念。"西土"本是周灭商以前对以自己为首的西方诸侯的统称；周灭商以后，从一方侯国成为天下共主，而此时周人仍以西土之人自居，并用"东土"指称殷商故地，则显示出地域文化认同的分野，显示出周人对殷商遗民的警惕。虽"天下"一词首先见于《洪范》，但直到《召诰》以后各篇，"天下"的观念逐渐进入人们的视野，才表明周人真正具有"溥天之下，莫非王土；率土之滨，莫非王臣"的王者意识。

尽管西周统治者仍以"西土"自居，显示出对殷商的戒备，但是周公也已经明确提出要向殷商先王和殷商德高望重的遗老学习治理殷民的成法，"往敷求于殷先哲王用保乂民，汝丕远惟商耇成人宅心知训。"学习殷道以治殷，显示出因地制宜的政治智慧，为周文明与殷商文明日后的普遍交流融合打下坚实基础。

《康诰》是研究《尚书》在秦汉传播的重要史料，文献价值较高，后世多有引用。

惟三月哉生魄[1]，周公初基作新大邑于东国洛[2]，四方民大和会[3]，侯甸男邦、采卫百工、播民和见[4]，士于周[5]。周公咸勤[6]，乃洪大诰治[7]。

[注释]

1　三月：指成王四年三月，亦指周公摄政第四年的三月。哉生魄：初现光明，指农历每月二、三日。

2　基：经营。新大邑：指王城。洛：指洛水附近。

3　和：和悦。会：集合。

4　侯甸男邦：侯服、甸服、男服的邦君。工：官。采卫百工，采服、卫服的百官。播民：播迁之民，指殷民。和见：会见。《周书·谥法》："和，会也。"

5 士：事，服务。

6 咸：都。勤：慰劳。

7 洪：郑玄："代也。言周公代成王诰。"治：治道。治理殷国的法则。

[译文]

三月间月光初生，周公才始计划在东方的洛水旁边建造一个新的大城市，四方的臣民都同心来会。侯、甸、男的邦君，采、卫的百官，殷商的遗民都来会见，为周王室服务。周公普遍慰劳他们，于是代替成王大诰治殷的方法。

以上第一段，交代周公作诰的背景。

王若曰[1]："孟侯[2]，朕其弟[3]，小子封[4]。惟乃丕显考文王[5]，克明德慎罚[6]；不敢侮鳏寡，庸庸[7]，祗祗[8]，威威[9]，显民[10]，用肇造我区夏[11]，越我一、二邦以修我西土[12]。惟时怙冒[13]，闻于上帝[14]，帝休[15]，天乃大命文王。殪戎殷[16]，诞受厥命越厥邦厥民[17]，惟时叙[18]，乃寡兄勖[19]。肆汝小子封在兹东土[20]。"

[注释]

1 王：指周公。

2　孟侯：指康叔。《汉书·地理志》："周公封弟康叔，号曰孟侯，以夹辅周室。"

3　其：《经传释词》："犹'之'也。"

4　封：康叔名。见《史记·卫康叔世家》。

5　乃：你的。丕：句中语气助词。见《经传释词》。显：明。考：先父。丕显考，伟大光明的父亲。

6　明德：尊尚德教。慎罚：慎用刑罚。

7　庸：用。庸庸，任用可用的人。

8　祗：敬。祗祗，尊敬可敬的人。

9　威：惩罚。威威，惩罚应当惩罚的人。

10　显民：《尚书易解》："光显其民，谓尊宠之也。"

11　用：因此。肇：开始。造：造就，建立。区：《广雅·释诂》："小也"。区夏，小夏。周邦自称夏，《君奭》："惟文王尚克修和我有夏"可证。周邦原居陕西西部，地域不广，所以称为小夏。

12　越：与，和。修：治理。我西土：我们西土。周原位于今陕西西部岐山等广大地区，在殷西方。下文"东土"指殷商之地，与"我西土"相对。

13　怙：大。王引之说。冒：通"勖"，勉力。

14　于：介词，介引动作行为的施动者。闻于上帝，即"被上帝知道了"。

15 休：《广雅·释诂》："喜也。"

16 殪yì：死，这里指灭亡。戎殷：大殷。

17 诞：句首语气助词，无义。越：与，和。

18 时：承。叙：绪。承绪，承文王之绪。说见《尚书易解》。

19 乃：因果连词。寡兄：大兄。指周武王。说见《尚书正读》。

20 东土：卫国在东方河、淇之间，故称东土。

[译文]

王这样说："诸侯之长，我的弟弟，年轻的封啊！你的伟大光明的父亲文王，能够崇尚德教，慎用刑罚；不敢欺侮无依无靠的人，任用当用的人，尊敬当敬的人，惩罚应当惩罚的人，尊重爱护民众，因而开创了我们小夏，和我们的几个友邦共同治理我们西方。文王这种重大努力，被上天知道了，上天很高兴，就降大命给文王。灭亡大国殷，接受上帝的大命和殷国殷民，继承文王的基业，是长兄武王努力所致，所以你这年轻人才能在这东土封为诸侯之长。"

以上第二段，说明文王武王施行明德慎罚的政策而得天下。

王曰："呜呼！封，汝念哉！今民将在祗遹乃文考¹，绍闻衣德言²。往敷求于殷先哲王用保乂民³，汝丕远惟商耇成人宅心知训⁴。别求闻由古先哲王用康保民⁵。弘于天⁶，若德裕乃身⁷，不废在王命⁸！"

[注释]

1 在：《尔雅·释诂》："察也。"遹yù：遵循，《尔雅·释诂》："徇也。"

2 绍：通"劭"，尽力。闻：听取。衣：即"殷"。参见《武成》"一戎衣"。

3 敷：普遍。乂：养。

4 丕：大，这里是程度副词，大大地。惟：思。耇gǒu：老。耇成人，德高望重的长者。宅：揣度。

5 由：于。康：安。古先哲王：与上文"殷先哲王"对举，当指虞夏时代的哲王。周公告诫康叔治理殷商故地，要寻求殷商和古代明君贤臣的治国之法。

6 弘：大。

7 裕：指导。《广雅·释诂》："裕，道也。"

8 废：止，停止。在：完成。《尔雅·释诂》："在，终也。"

[译文]

王说："啊！封，你要考虑啊！现在殷民将观察你（能

考[1]，绍闻衣德言[2]。往敷求于殷先哲王用保乂民[3]，汝丕远惟商耇成人宅心知训[4]。别求闻由古先哲王用康保民[5]。弘于天[6]，若德裕乃身[7]，不废在王命[8]！"

[注释]

1 在：《尔雅·释诂》："察也。"遹yù：遵循，《尔雅·释诂》："徇也。"

2 绍：通"劭"，尽力。闻：听取。衣：即"殷"。参见《武成》"一戎衣"。

3 敷：普遍。乂：养。

4 丕：大，这里是程度副词，大大地。惟：思。耇gǒu：老。耇成人，德高望重的长者。宅：揣度。

5 由：于。康：安。古先哲王：与上文"殷先哲王"对举，当指虞夏时代的哲王。周公告诫康叔治理殷商故地，要寻求殷商和古代明君贤臣的治国之法。

6 弘：大。

7 裕：指导。《广雅·释诂》："裕，道也。"

8 废：止，停止。在：完成。《尔雅·释诂》："在，终也。"

[译文]

王说："啊！封，你要考虑啊！现在殷民将观察你（能

否）恭敬地追随文王，努力听取殷人的好意见。你去殷地，要遍求殷代圣明先王用来保养百姓的方法，你还要深长思考殷商长者（如何）揣度民心（从而）得知训导民众的方法。另外，还要探求古时圣明帝王以安保民众的遗训。要比天还宏大，用和顺的美德指导自己，不停地去完成王命！"

王曰："呜呼！小子封，恫瘝乃身[1]，敬哉！天畏棐忱[2]；民情大可见，小人难保。往尽乃心，无康好逸豫[3]，乃其乂民。我闻曰：'怨不在大，亦不在小；惠不惠[4]，懋不懋[5]。'已[6]！汝惟小子[7]，乃服惟弘王应保殷民[8]，亦惟助王宅天命[9]，作新民[10]。"

［注释］

1 恫tōng：痛。瘝guān：病。

2 畏：通"威"。《广雅·释言》："威，德也。"王念孙疏证引《风俗通义·十反》篇曰："《书》曰：'天威棐谌。'言天德辅诚也。"

3 豫：乐。

4 惠：顺从。

5 懋：勉。

6 已：叹词。

7 惟：《词诠》："句中助词，无义。"

8　服：职责。弘：大，宽大。应保：《经义述闻》："应保，犹'受保'也。"

9　亦惟：也是。

10　作：振作。新：革新。

[译文]

王说："啊！年轻的封，治理国家像病痛在你的身上，要恭敬啊！天道辅助诚信的人，民情大致可以看出，百姓难于安定。你去殷地要尽你的心意，不要苟安贪图逸乐，才会治理好民众。我听说：'民怨不在于大，也不在于小。要使不顺从的顺从，不努力的努力。'啊！你是个年轻人，你的职责就是宽大对待王家所接受、保护的殷民，也是辅佐王家揣度天命，革新殷民。"

以上第三段，告诫康叔取法殷商先王和远古哲王，尽心政事，尚德保民。

王曰："呜呼！封，敬明乃罚。人有小罪，非眚[1]，乃惟终[2]；自作不典，式尔[3]，有厥罪小[4]，乃不可不杀。乃有大罪，非终，乃惟眚灾[5]；适尔[6]，既道极厥辜[7]，时乃不可杀。"

王曰："呜呼！封，有叙时[8]，乃大明服，惟民其敕懋和[9]。若有疾，惟民其毕弃咎[10]；若保赤子[11]，惟民其康乂。

"非汝封刑人杀人，无或刑人杀人。非汝封又曰劓刵人¹²，无或劓刵人。"

[注释]

1 眚shěng：过失。

2 终：常。

3 式：句首语气助词。见《尚书易解》。尔：如此。

4 有：《尔雅·释训》："虽也。"

5 眚灾：因过失而造成的灾害。

6 适：适然、偶然。

7 道：说。极：尽。

8 叙：顺从。时：是，这。指代上述"杀终赦眚"的方法。

9 敕：告诫。懋：勉力。和：顺。

10 咎：罪恶。

11 赤子：小孩。

12 又：有。劓yì：割鼻的刑。刵èr：断耳的刑。

[译文]

王说："啊！封，要谨慎严明你的刑罚。人有小罪，不是过失，而是经常自作不法，这样，即使他的罪行小，却不可不杀。人若有大罪，不是经常作恶不改，而是过失；偶然这样，（而且）他已经全部交代了他的罪过，这个人就可不杀。"

王说："啊！封。能够顺从这样去做，就都会明晓上意而心悦诚服；民众就会互相告诫，努力和顺相处。好像自己有病一样看待臣民犯罪，臣民就会完全抛弃咎恶；好像保护小孩一样保护臣民，臣民就会康乐安定。

"不是你姬封刑人杀人，没有人敢刑人杀人；不是你姬封有令要割鼻断耳，没有人敢施行割鼻断耳的刑罚。"

王曰："外事[1]，汝陈时臬司师[2]，兹殷罚有伦[3]。"又曰："要囚[4]，服念五、六日至于旬时[5]，丕蔽要囚[6]。"

王曰："汝陈时臬事罚[7]。蔽殷彝[8]，用其义刑义杀[9]，勿庸以次汝封[10]。乃汝尽逊曰时叙[11]，惟曰未有逊事[12]。已！汝惟小子，未其有若汝封之心[13]。朕心朕德，惟乃知。

"凡民自得罪[14]：寇攘奸宄[15]，杀越人于货[16]，暋不畏死[17]，罔弗憝[18]。"

[注释]

1 外事：判断狱讼的事。江声："听狱在外朝，故云外事。"

2 陈：宣布。臬：《广雅·释诂》："法也。"司：管理。师：士师，狱官。

3 有伦：有条理。

4 要：通"幽"，囚禁。要囚，幽囚，囚禁犯人。

5 服：《诗经·周南·关雎》毛亨传："思之也。"服念，思考。

6 丕：乃。见《经传释词》。蔽：判断。参见《大禹谟》"官占惟先蔽志"。

7 事：施行。

8 彝：法。蔽殷彝，蔽以殷法，用殷法判断案件。

9 义：《孔传》："宜也。"

10 庸：用。次：通"恣"，顺从。见《吕氏春秋》注。次汝封，顺从汝姬封的心意。

11 乃：若，假若。逊：顺。汝尽逊，尽顺汝。时叙：承顺。

12 惟：宜，应当。《吕氏春秋·知分》注："惟，宜也。"

13 未：无。其：句中语气助词。若：顺从。

14 自：由。

15 寇攘奸宄：《尚书易解》："寇，贼也。攘，夺也。"奸：在内作乱。宄：在外作乱。

16　越：远。见《广雅·释诂》。于：江声："于，犹取也。"

17　暋mǐn：强横。

18　憝duì：怨恨。江声："凡人无不怨之，此言不待教而诛者也。"

[译文]

王说："判断案件，你要宣布这些法则管理狱官，这样，殷人的刑罚就会有条理。"王又说："囚禁的犯人，必须考虑五、六天，至于十天，才判决他们。"

王说："你宣布这些法律进行惩罚。判断案件，要依据殷人的常法，采用适宜的刑杀条律，不要随心所欲。假如完全顺从你的意志断案才叫顺当，应当说不会有顺当的事。唉！你是年轻人，不可顺从你姬封的心意。我的心意，请你理解。

"民众凡因这些行为犯罪：偷窃、抢夺、内外作乱、杀远人取财货，强横不怕死，这些罪行没有人不怨恨。"

王曰："封，元恶大憝，矧惟不孝不友。子弗祗服厥父事，大伤厥考心；于父不能字厥子[1]，乃疾厥子[2]；于弟弗念天显[3]，乃弗克恭厥兄；兄亦不念鞠子哀[4]，大不友于弟。惟吊兹[5]，不于我政人得罪[6]，天惟与我民彝大泯乱[7]。曰：乃其速由文王作罚[8]，刑兹无赦[9]。

[**注释**]

1 于：为。见《仪礼·士冠礼》注。字：爱。

2 疾：恶。

3 天显：指天伦。

4 鞠子：幼子。《尔雅·释言》："鞠，稚也。"哀：痛苦。

5 吊：至。兹：这。指上述情况。

6 于：《孔疏》："犹'由'也。"政人：行政人员。

7 泯mǐn：混乱。

8 速：迅速地。由：介引动作行为所凭借的依据，可译为"按照"。

9 兹：这。指代上文不孝不友的人。

[**译文**]

王说："封啊，首恶招人大怨，也有些是不孝顺不友爱的。儿子不认真治理他父亲的事，深深地伤害他父亲的心；父亲不能爱怜他的儿子，反而厌恶儿子；弟弟不顾天伦，不尊敬他的哥哥；哥哥也不顾念小弟弟的痛苦，对小弟弟极不友爱。父子兄弟之间竟然到了这种地步，不由行政人员去惩罚他们，上天赋予老百姓的常法就会特别混乱。我说，就要赶快使用文王制定的刑罚，惩罚这些人，不要赦免。

"不率大戛[1]，矧惟外庶子、训人惟厥正人越小臣、诸节[2]。乃别播敷造民[3]，大誉弗念弗庸，瘝厥君[4]；时乃引恶[5]，惟朕憝。已！汝乃其速由兹义率杀[6]。

"亦惟君惟长[7]，不能厥家人越厥小臣、外正；惟威惟虐，大放王命；乃非德用乂。

"汝亦罔不克敬典，乃由裕民[8]，惟文王之敬忌；乃裕民曰：'我惟有及[9]。'则予一人以怿[10]。"

[注释]

1 率：遵循。戛jiá：《书集传》："法也。"

2 庶子：官名。训人：官名。惟：并列连词，与。见《经传释词》。越：与。小臣：江声："掌君之小命者。"诸节：官名，掌符节。

3 播敷：播布，传播。造：告。

4 瘝guān：病，伤害。

5 引：增长。

6 由：介引动作行为所凭借的依据，可译为"按照"。义：读为"仪"，法度。《说文·人部》："仪，度也。"徐锴云："度，法度也。"率：捕捉。《说文·率部》："率，捕鸟毕也。"

7 君、长：指诸侯。

8 乃：往。见《广雅·释诂》。由：通"猷"。《方言》："裕、猷，道也。""道"与"导"通。王引之说。由裕，教导。

9 及：继承。

10 怿yì：高兴。

[译文]

"不遵守国家大法的，也有诸侯国的庶子、训人和正人、小臣、诸节等官员。竟然另外发布政令，告谕百姓，大大称誉不考虑不执行国家法令的人，危害国君；这就助长了恶人，我怨恨他们。唉！你就要迅速根据这些条例捕杀他们。

"也有这种情况，诸侯不能教育好他们的家人和内外官员，作威肆虐，完全弃置王命；这些人就不可用德惠去治理。

"你也不要不能崇重法令。前往教导臣民，要思念文王的赏善罚恶；前往教导臣民说：'我们只求继承文王。'那么，我就高兴了。"

以上第四段，告诫康叔用刑的准则和刑律。

王曰："封，爽惟民迪吉康[1]，我时其惟殷先哲王德[2]，用康乂民作求[3]。矧今民罔迪[4]，不适[5]；不迪，则罔政在厥邦[6]。"

王曰："封，予惟不可不监，告汝德之说于罚之行[7]。今惟民不静，未戾厥心[8]，迪屡未同[9]，爽惟天其罚殛我[10]，我其不怨。惟厥罪无在大，亦无在多，矧曰其尚显闻于天[11]？"

王曰："呜呼！封，敬哉！无作怨[12]，勿用非谋非彝蔽时忱[13]。丕则敏德[14]，用康乃心[15]，顾乃德，远乃猷[16]，裕乃以[17]；民宁，不汝瑕殄[18]。"

[注释]

1 爽惟：句首语气词。说见《经传释词》。迪：教导。吉：善

2 时：时时。《古书虚字集释》："时，犹'常'也。"其：将要。惟：思念。

3 求：通"捄"，法则。《广雅·释诂》："捄，法也。"

4 矧：亦，并且。今民：受事主语。迪：意为受到教导。

5 适：善。见《广雅·释诂》。

6 罔政：无善政。

7 于：与。行：道。

8 戾：定，安定。

9 同：和。

10 殛 jí：诛责。

11 矧：何况。《玉篇》："况也。"曰：通"聿"，句中语气助词。

12 作：造作。

13 蔽：蔽塞。忱：诚。

14 丕则：于是。敏：勉力，努力。《中庸》郑注："敏，犹'勉'也。"敏德，谓勉行德政。

15 乃：其，指殷民。

16 猷：通"繇"，繇役。《诗经·小雅·巧言》"秩秩大猷"，《汉书·叙传》注作"秩秩大繇。"远乃繇，谓宽缓其繇役。见《尚书易解》。

17 以：用。裕乃用，即丰足其衣食。见《尚书易解》。

18 瑕：病，指责。殄：绝，弃绝。

[译文]

王说："封啊，民众受到教化才会善良安定，我们时时要思念着殷代圣明先王的德政，用来安治殷民，作为法则。并且现在的殷民不加教导，就不会善良；不加教导，殷国就没有善政。"

王说："封啊，我们不可不看清这些，我要告诉你施行德政的意见和招致责罚的道理。现在老百姓不安静，没有安定他们的心，教导屡屡，仍然不曾和同，上天将要责罚我们，我们不可怨恨。本来罪过不在于大，也不在于多，何况这些罪过还被上天明显地听到呢？"

王说："唉！封，要谨慎啊！不要制造怨恨，不要使用不好的计谋，不要采取不合法的措施，以蔽塞你的诚心。于是努力施行德政，以安定殷民的心，顾念他们的善德，宽缓他们的徭役，丰足他们的衣食；民众安宁了，上天就不会责备和抛弃你了。"

以上第五段，告诫康叔要用德政感化殷民。

王曰："呜呼！肆[1]！汝小子封。惟命不于常[2]，汝念哉！无我殄享[3]，明乃服命，高乃听[4]，用康乂民。"

王若曰："往哉！封，勿替敬，典听朕告[5]，汝乃以殷民世享[6]。"

[注释]

1　肆：肆哉，努力呀。

2　命：郑玄："命，天命也。天命不于常，言不专佑一家也。"

3　殄：尽、绝。享：通"向"，劝告。

4　高：敬。见《广雅·释诂》。

5 典：常。

6 以：与。世享：世世享有殷国。

[译文]

王说："啊，努力吧！你这年轻的姬封。天命不只帮助一家，你要记住啊！不要抛弃我的教导。要努力执行你的职责和使命，敬畏你的听闻，用来安治民众。"

王这样说："去吧！姬封啊，不要放弃警惕，经常听取我的教导，你就可以和殷民世世代代享有殷国。"

以上第六段，告诫康叔必须听从教命。

酒　诰

卫国为殷商故地，殷人饮酒成习。周公是一个伟大的政治家，他从巩固政权的高度认识到移风易俗的重要性，命令康叔在卫国宣布戒酒。周公强调了戒酒的重要性，制定了一系列禁酒条例。史官记录周公的诰词，写成《酒诰》。

《酒诰》是文献记载最早的戒酒令。周公禁酒，既显示出雷霆万钧的政治魄力，也显示出明察秋毫的政治智慧。他强调对于触犯戒酒令的治事官员要严惩不贷，一律杀无赦；而对于触犯戒酒令的殷商遗民，则先教育，后严惩。他这种认清情况、区别对待的策略思想，对于安定教化殷民发挥了重要作用。同时，我们也要注意到，周公的禁酒更准确地说其实是限制饮酒，并非滴酒不沾：大祭可以饮酒；努力务农经商，孝养父母，父母高兴，置办丰盛的宴席，也可以饮酒。周公显然意识到，酒在人类情感世界中的重要作用，对于培养慎终追远、孝敬父母的美德有所裨益，因此没有完全禁绝。饮酒有助于情感交流，禁酒则是理性的法规制度，饮酒与禁酒显示了"情"与"理"之间的矛盾，而周公的禁酒，体现的是理性对反理性的遏制而非剿灭。

此外，周公还提出"人无于水监，当于民监"的政治格言，强调察看民情考察政治得失，对后代政治家也产生了重大影响。而这句话同时也表明，在铜镜发明以前，先民们常用水来观察自己的相貌。"监"的甲骨文象一人跪坐于皿中之水前俯视照面形，可知古时确有以水为镜之习惯，后来随着金属冶炼技术的产生和发展，铜镜逐渐兴起，代替了"水镜"。《墨子·非攻中》："古者有语曰：君子不镜于水，而镜于人。镜于水，见面之容；镜于人，则知吉与凶。"这句话与"人无于水监，当于民监"意义相近，但能反映出"以水为镜"到"以铜为镜"的历史进程。

王若曰："明大命于妹邦[1]。乃穆考文王，肇国在西土[2]。厥诰毖庶邦庶士越少正御事朝夕曰[3]：'祀兹酒[4]。'惟天降命[5]，肇我民[6]，惟元祀[7]。天降威[8]，我民用大乱丧德[9]，亦罔非酒惟行[10]；越小大邦用丧，亦罔非酒惟辜。

[注释]

1 王：指周公。明：昭告。妹邦：指卫国。妹是古"沫"字。《诗经·鄘风·桑中》："爰采唐矣，沫之乡矣。"毛传："沫，卫邑。"

2 乃：当初。《广雅·释诂》："乃，往也。"穆考：指文王。文王世次当穆，所以称穆考。《孔传》："父昭子穆，文王第称穆。"肇：通"肁"，创建。《说文·户部》："肁，始开也。"西土：西方。文王作邑于丰，丰在今陕西咸阳市南。

3 厥：其，指文王。毖：通"必"。《广雅·释诂》："必，敕也。"诰毖，告诫。庶邦：各国诸侯。庶士：众卿士。少正：副长官。御事：办事官员。

4 兹：则。曾运乾云："兹，则也，声之转。"

5 惟：句首语气助词。命：福命，与下文"威"相对。

6 肇：敏，劝勉。《尔雅·释言》："肇，敏也。"

7 惟：只是。元祀：大祭祀。

8 威：罚。见《孔传》。

9 用：以，所以。

10 惟：为。行：《尔雅·释诂》："言也。"

[译文]

王这样说："要在卫国宣布一项重大教命。当初，穆考文王在西方创立国家。他早早晚晚告诫各国诸侯、各位卿士和各级官员说：'祭祀时才饮酒。'上天降下福命，劝勉我们臣民，只在大祭时才饮酒。上帝降下惩罚，我们臣民所以大乱失德，也没有不是以酗酒作为口实的；大小国家所以灭亡，也没有不是以酗酒为罪过的。

"文王诰教小子有正有事[1]，无彝酒[2]；越庶国[3]，饮惟祀，德将无醉[4]。惟曰我民迪小子惟土物爱[5]，厥心臧[6]。聪听祖考之彝训[7]，越小大德[8]！

"小子惟一妹土[9]，嗣尔股肱[10]，纯其艺黍稷[11]，奔走事厥考厥长[12]。肇牵车牛[13]，远服贾用[14]，孝养厥父母；厥父母庆[15]，自洗腆[16]，致用酒。

[注释]

1　小子：指文王的子孙。有正有事：大臣和小臣，指任职于王朝的。

2　无：通"毋"，不要。彝酒：经常喝酒。

3　越：和。庶国：指在诸侯国任职的。

4　将：扶助。德将，以德自助。

5　迪：指导。小子：指臣民的子孙。土物：农作物，指粮食。爱：爱惜。

6　臧：善。

7 聪听：明听。

8 越：发扬。《尔雅·释诂》："越，扬也。"

9 小子：卫国的民众，与下文"庶士有正"相对。

10 嗣：习。见《诗经·郑风·子衿》毛传。

11 纯：专一。其：助词。艺：种植。

12 事：服务。

13 肇：敏，勉力。

14 服：从事。贾用：贸易。

15 庆：高兴。

16 洗：洁。腆：丰盛的膳食。洗腆，洁治膳食。

[译文]

　　"文王还告诫在王朝担任大小官职的子孙，不要经常饮酒。告诫在诸侯国任职的子孙，只有在祭祀时才可以饮酒，要用德把持自身，不要喝醉了。文王还告诫我们的臣民要教导子孙珍惜粮食，使他们的思想善良。我们要听清祖考的常训，发扬大大小小的美德！

　　"殷民要专心住在卫国，熟练运用你们的手足，专心种植黍稷，勤勉奉事你们的父兄。农事完毕以后，勉力牵牛赶车，到外地去从事贸易，孝顺赡养父母；父母高兴，自己办了丰盛的膳食，可以饮酒。

"庶士有正越庶伯君子[1]。其尔典听朕教[2]！尔大克羞耇惟君[3]，尔乃饮食醉饱。丕惟曰尔克永观省[4]，作稽中德[5]，尔尚克羞馈祀[6]。尔乃自介用逸[7]，兹乃允惟王正事之臣[8]。兹亦惟天若元德[9]，永不忘在王家[10]。"

[注释]

1 伯：邦伯。君子：在位官员。庶士、有正、庶伯、君子：都指卫国的群臣。

2 其：希望。表祈使语气。典：常。

3 羞：进献。耇：老人。惟：与。

4 丕：句首语气助词。惟：思。省：省察。

5 作：行动。稽：符合。《周礼·小宰》郑众注："稽，合也。"中德：中正之德。

6 羞：进，进入。馈祀：郑玄："助祭于君。"国君祭祀，选择贤臣助祭。

7 乃：若。介：通"界"，限制。《后汉书·马融传》注："界，犹限也。"用逸：行逸，指饮酒。

8 允：长期。见杨树达《尚书说》。惟：是。正：主管官员。事：一般办事官员。

9 若：善，赞美。元德：善德。

10 忘：读为"亡"，失。王引之说。

[译文]

"各级官员们，你们要经常听从我的教导！你们都能进献酒食给老人和君王，你们就能喝醉吃饱。我想，你们能够长久地省察自己，行动符合中正的美德，你们还能够参加国君举行的祭祀。你们如果自己限制行乐饮酒，这样就能长期成为王家的治事官员。这就是上天所赞赏的大德，将永远不会被王家忘记。"

以上第一段，告诫卫国臣民节制饮酒。

王曰："封，我西土棐徂邦君御事小子¹，尚克用文王教，不腆于酒²，故我至于今，克受殷之命。"

王曰："封，我闻惟曰³：'在昔殷先哲王迪畏天显小民⁴，经德秉哲⁵。自成汤咸至于帝乙⁶，成王畏相惟御事⁷，厥棐有恭⁸，不敢自暇自逸，矧曰其敢崇饮⁹？越在外服¹⁰，侯甸男卫邦伯；越在内服，百僚庶尹惟亚惟服、宗工越百姓里居¹¹，罔敢湎于酒。不惟不敢，亦不暇，惟助成王德显越¹²，尹人祗辟¹³。

[注释]

1 棐徂：辅助。黄式三："棐，辅也。"徂，通"助"。

2 腆：厚，丰厚。

3　惟：有。

4　迪：句中语气助词。天显：天明，即天命。孙诒让云："天显，犹《大诰》云'天明'。"

5　经德：行德。秉哲：持敬。"哲"与"悊"通。《说文·心部》："悊，敬也。"

6　咸：通"覃"，延续。帝乙：商纣王的父亲。

7　成王：有成就的王。畏相：可敬畏的辅臣。

8　棐：辅，谓辅臣。有恭：恭敬。

9　崇：聚会。

10　外服：外官，指诸侯。

11　百僚：百官。庶尹：众长。亚：次，副官。服：任事的官。宗工：宗室官员。越：与。百姓里居：住在家里的退休官员。

12　显越：《尔雅·释言》："扬也。"

13　辟：法。祗辟，敬法。《书集传》："惟欲上助成君德，而使之昭著；下以助尹人祗辟，而使之不益不怠耳。"

[译文]

　　王说："封啊，我们西土辅助诸侯和官员，常常能够遵从文王的教导，不多饮酒，所以我们到今天，能够接受治殷的使命。"

王说："封啊，我听到有人说：'过去，殷的先人明王畏惧天命和民众，施行德政，保持恭敬。从成汤延续到帝乙，明君贤相都考虑着治理国事。他们的辅臣很敬慎，不敢自己安闲逸乐，何况敢聚众饮酒呢？在外地的侯、甸、男、卫的诸侯，在朝中的各级官员、宗室贵族以及退休在家的官员，没有人敢酖乐在酒中。不但不敢，他们也没有闲暇，他们只想助成显扬王德，助成长官重视法令。'

"我闻亦惟曰：'在今后嗣王[1]，酣[2]，身厥命[3]，罔显于民祗[4]，保越怨不易[5]。诞惟厥纵[6]，淫泆于非彝[7]，用燕丧威仪[8]，民罔不盡伤心[9]。惟荒腆于酒，不惟自息乃逸[10]。厥心疾很，不克畏死。辜在商邑，越殷国灭，无罹[11]。弗惟德馨香祀[12]，登闻于天，诞惟民怨[13]，庶群自酒[14]，腥闻在上。故天降丧于殷，罔爱于殷，惟逸。天非虐，惟民自速辜[15]。'"

[注释]

1 后嗣王：指纣王。

2 酣：乐酒。《说文·酉部》："酣，酒乐也。"

3 身：通"倳"。《说文·人部》："倳，神也。"神厥命，以其命为神，谓我有命在天。

4 显：明。民祗：臣民所重视的事。

5 保：安。越：于。

6 诞惟：句首复音语气助词。《经传释词》："诞惟，词也。"

7 泆：通"佚"，乐。

8 用：《词诠》："介词，由也，因也。"燕：通"宴"，宴饮。江声云："纣为酒池肉林，使男女裸而相逐其间，故言大放纵淫泆于非法，以燕饮丧其威仪。"

9 蠱xì：伤痛。

10 逸：《尔雅·释言》："过也。"

11 瘝：忧虑。无瘝，不忧。

12 弗惟：没有。馨香：远闻的芳香。

13 诞：句首语气助词，无义。

14 庶群：指纣王的群臣。自酒：私自饮酒。

15 速：招致。

[译文]

"我听到也有人说：'在近世的商纣王，好酒，以为有命在天，不明白臣民重视的事，安于怨恨而不改。他放纵自己，游乐在违反常法的活动之中，因宴乐而丧失了威仪，臣民没有不悲痛伤心的。他只想沉湎于酒，不想自己制止淫乐。他心地狠恶，不能以死来使他感到畏惧。他在商都作恶，对于殷国的灭亡，没有忧虑过。没有明德芳香的祭祀升闻于上天；只有臣民的怨气和群臣私自饮酒的腥气升闻于上。所以，上天对殷邦降下了灾祸，不喜欢殷国，就是淫乐的缘故。上天并不暴虐，是殷民自己招来了罪罚。'"

以上第二段，告诉康叔关于酗酒的历史教训。

王曰："封，予不惟若兹多诰[1]。古人有言曰：'人无于水监[2]，当于民监。'今惟殷坠厥命，我其可不大监抚于时[3]！予惟曰汝劼毖殷献臣[4]，侯甸男卫，矧太史友、内史友[5]、越献臣百宗工[6]，矧惟尔事[7]、服休服采[8]，矧惟若畴[9]、圻父薄违[10]、农父若保[11]、宏父定辟[12]：'矧汝刚制于酒[13]！'

[注释]

1 惟：思。若兹：如此。

2 无：不要。监："鉴"古字，盛水用以照自己面容的器具，犹后代镜子，引申用作动词。察看。

3 其：难道。抚：览。见《文选·神女赋序》注。监抚，察看。

4 曰：谓。劼jié：谨慎。《说文·力部》："劼，慎也。"毖：告。献：贤。

5 矧：又。下文二"矧"字同。太史、内史：都是史官。太史记事，内史记言。友：同僚。

6 越：与。百：概数。宗：尊。工：官。

7 矧惟：与上下文中的"矧""越"互文，"与""和"的意思。尔事：你的治事官员。

8 服休：管理游宴的官员。服采：管理朝祭的官员。

9 若畴：你的三卿。曾运乾云："若畴者，汝之三卿，司马、司徒、司空也。畴，读如'寿'。《诗经·鲁颂·閟宫》'三寿作朋'《笺》：'三寿，三卿也。'"

10 圻父：司马，管理军事。薄：讨伐。违：违抗不顺。

11 农父：司徒，管理农业。若：顺。保：养。

12 宏父：司空，管理土地。辟：法度。

13 矧：句首语气助词。见《尚书易解》。刚：强。制：断绝，制止。

[译文]

王说："封啊，我不想如此详告了。古人有话说：'人不要只从水中察看，应当从民情上察看自己。'现在殷商已丧失了他的福命，我们难道可以不特地省察这个事实！我想告诉你要慎重告诫殷国的贤臣，侯、甸、男、卫的诸侯，又朝中记事记言的史官，贤良的大臣和许多尊贵的官员，还有你的治事官员，管理游宴休息和祭祀的近臣，还有你的三卿，讨伐叛乱的圻父，顺保百姓的农父，制定法度的宏父，

向他们说：‘你们要强行戒酒！’

　　"厥或诰曰[1]：‘群饮。’汝勿佚[2]，尽执拘以归于周，予其杀[3]。又惟殷之迪诸臣惟工[4]，乃湎于酒，勿庸杀之，姑惟教之。有斯明享[5]，乃不用我教辞[6]，惟我一人弗恤弗蠲[7]，乃事时同于杀[8]。"

　　王曰："封，汝典听朕毖[9]，勿辩乃司民湎于酒[10]。"

[注释]

　　1 厥：假设连词，可译为"如果"。详见屈万里《尚书今注今译》。或：有。诰：同"告"。

　　2 佚：放纵。

　　3 其：将要。杀：周初严禁群饮，违者杀。《周礼·地官》："司虣掌宪市之禁令，禁其斗嚣者与虣乱者、以属游饮食于市者，若不可禁，则搏而戮之。"

　　4 迪：句中语气助词。惟：与。

　　5 斯：近指代词，这样。享：劝勉。孙诒让说。

　　6 乃：竟。教辞：教导的话。

　　7 我一人：同"予一人"。古代君王自称"予一人"。恤：怜惜。蠲juān：免除罪过。

　　8 事：治。时：是，这些。同于杀：同于群饮杀戮的罪。

9 典：常。毖：告。

10 辩：使。古"辩"与"俾"通。《书序》："俾荣伯作《贿肃慎之命》。"马融本"俾"作"辩"。司民：治民的官员。

[译文]

"假若有人报告说：'有人群聚饮酒。'你不要放纵他们，要全部逮捕起来送到周京，我将杀掉他们。又殷商的诸臣百官酖乐在酒中，不用杀他们，暂且先教育他们。有这样明显的劝戒，若还有人不遵从我的教令，我不会怜惜，不会赦免，处治这类人，要与群聚饮酒者相同，杀无赦。"

王说："封啊，你要经常听从我的告诫，不要使你的官员酖乐在酒中。"

以上第三段，告诫康叔要强制官员戒酒。

梓 材

《梓材》也是周公告诫康叔治理殷民的诰词。周公用"若作梓材"比喻治国的道理，所以史官取"梓材"二字作为篇名。《史记集解》引孔安国曰："告康叔以为政之道，亦如梓人之治材也。"

政权更替，惯常的治政手段是大刀阔斧，改元易服，革故鼎新。商亡周兴，周公却采取一种反常规的政治手段。《梓材》开篇，周公对康叔的政治训诰首先就是"若恒"，要求康叔执政伊始就要运用殷商常典常法来治理殷民。这是非常高明的政治策略。一个国家的典章制度就像一个民族的语言风俗一样具有极大的心理接受惯性和社会延续性。西周统治阶级政事的当务之急即为如何安定民心，稳定政局。安民首先必须得民心养民心。"厥命曷以？引养引恬。"周初的统治者懂得，过分残酷地压迫民众，会激起民众的反抗，夏商之鉴，尚在眼前。如何得民安民？周公勉励康叔施行德政，只有"明德"，才能"惟王子子孙孙永保民"。周公的政治主张，对于缓和商周的民族矛盾和阶级矛盾、促进社会发展发生了积极作用。周公的政治主张也是强调为政者要注重运用政权的伦理依据和道德基础，民心才能思定，政权才能稳固。周公的这些政治主张对于后代政治家的执政理念都有深远的影响。例如诸葛孔明南征七擒七纵，治蜀攻心为上，都是周公治殷政治策略思想的新实践。

《梓材》的语言生动形象，表现了娴熟的艺术技巧。为了说明创业和守成的关系，连用种地、建房、作器三个生产生活中常见的事理作比喻。"周诰"类似"殷盘"，比喻修辞格多用事理性明喻，只是"周诰"多以农事和作室设喻。《诗经·大雅·生民》记载周人的祖先后稷从小就爱农务农，周族也是较早发展农业生产的民族，周人有发达的农耕文化，有深厚的农耕情结。农耕文明和定居文明是互为因果的。《诗经·大雅》的《绵》和《公刘》都有周人造屋作室的记载。种地、建房、作器，在周人的文化心理世界中占有突出的位置。《梓材》为研究比喻修辞格的文化心理因素提供了重要语料。

王曰[1]："封，以厥庶民暨厥臣达大家[2]，以厥臣达王惟邦君，汝若恒³。

"越曰我有师师⁴、司徒、司马、司空⁵、尹旅⁶。曰：'予罔厉杀人⁷。'亦厥君先敬劳⁸，肆徂厥敬劳⁹！

[注释]

1 王：指周公。

2 以：由。达：至。按《潜夫论·遏利篇》："上以天子，下至庶人。"因知"以……至……"当与"以……达……"句式相同。暨：与。大家：指卿大夫。

3 王：侯王。王国维云："古时天泽之分未严，诸侯在其国自有称王之俗。"惟：与。邦君：国君。若恒：顺从常典，就是不要变动。

4 越：句首语气助词。曰：谓。师师：众位官长。见《尚书今古文注疏》。

5 司徒、司马、司空：都是官名。司徒主要掌管农业、林业、牧业生产和土地人口；司马掌管司法和军政军备，司空主管城建、道路、沟渠和其他各类工程。

6 尹：正，指大夫。旅：众，指众士。

7 厉：杀戮无罪的人叫厉。见《逸周书·谥法解》。

8 敬劳：尊敬慰劳。

9 肆：努力。《尔雅·释诂》："肆，力也。"徂：助。黄式三曰："'徂''助'通。君矜劳民，故臣亦助以矜劳。”

[译文]

王说:“封啊,从殷的庶民和它的臣子到卿大夫,从它的臣子到诸侯和国君,你要顺从常典。

“告诉我们的各位官长、司徒、司马、司空、大夫和众士说:'我们不滥杀无罪的人。'也要各邦君长以敬劳为先,努力去帮助他们施行敬劳的事吧!

“肆往,奸宄、杀人、历人¹,宥²;肆亦见厥君事³、戕败人⁴,宥。

“王启监⁵,厥乱为民⁶。曰⁷:'无胥戕⁸,无胥虐,至于敬寡⁹,至于属妇¹⁰,合由以容¹¹。'王其效邦君越御事¹²,厥命曷以¹³?'引养引恬¹⁴。'自古王若兹监,罔攸辟¹⁵!

[注释]

1 肆往:往日,以往的事。《释诂》:“肆,故也。”历:俘虏。《逸周书·世俘篇》作“曆”。二字古通。

2 宥:宽恕,赦免。

3 见:泄露。《广韵》:“见,露也。”

4 戕:残害。

5　王：泛指君王。启：建立。《广雅·释诂》："启，开也。"监：诸侯。公、侯、伯、子、男各监一国，所以诸侯称为监。

6　乱：读为"率"，《论衡·效力篇》引作"率"。率，大都。为：教化。厥乱为民，大都为民。

7　曰：以下是王者建监的诰辞。

8　无：同"毋"，不要。胥：相。

9　敬寡：就是鳏寡。无依无靠的人。敬，通"鳏"。鳏，老而无妻的人。《吕刑》篇"哀敬折狱"，《汉书·于定国传》作"哀鳏"。寡：老而无夫的人。

10　属：一作"娠"。《说文·女部》"娠，妇人妊身也。"许慎引用《梓材》书证作"至于娠妇"，属妇，即"娠妇"，亦即孕妇。

11　合：同。由：教导。《方言》："由，道也。"以，与。容：宽容。见《尚书易解》。

12　效：曾运乾："效当为'敩'，形之讹也。'敩''教'古今字。"越：与。

13　厥：其。曷：何，什么。

14　引：长。恬：安。《尚书正读》："引养引恬，答辞。言王之大赦诰命，其意云何？曰：长养民，长安民而已。"

15　攸：所。辟：通"僻"，偏也。

[译文]

"往日，内外作乱的罪犯、杀人的罪犯、虏人的罪犯，要宽宥；往日，泄露国君大事的罪犯、残坏人体的罪犯，也要宽宥。

"王者建立诸侯，大抵是教化民众。他说：'不要互相残害，不要互相暴虐，至于鳏夫寡妇，至于孕妇，要同样教导和宽容。'王者教导诸侯和诸侯国的官员，他用什么作为诰命呢？就是'长养百姓，长安百姓'。自古君王都像这样监督，不要有所偏差！

以上第一段，周公告诉康叔治殷的宽大政策。

"惟曰[1]：若稽田[2]，既勤敷菑[3]，惟其陈修[4]，为厥疆畎[5]。若作室家，既勤垣墉[6]，惟其涂塈茨[7]。若作梓材[8]，既勤朴斫[9]，惟其涂丹腹[10]。

[注释]

1 惟：思考。

2 稽：治理。

3 敷：布，指播种。菑zī：新开垦的土地。

4 其：表示祈使语气，应当。陈修：治理。《经义述闻》："陈，治也。"

5 疆：田界。畎quǎn：田间水沟。

6 垣：低墙。墉yōng：高墙。

7 涂：当依《尚书正义》和《群经音辨》作"致"。致，终，完成。墍：仰涂，涂上泥土。茨cí：用茅草盖屋。

8 梓材：美材。

9 朴：去掉木皮。斫zhuó：砍削。

10 涂：当作"致"，完成。丹雘huò：朱色涂料，这里指用朱色涂料涂饰。

[译文]

　　"我想：好像作田，既已勤劳地开垦、播种，就应当考虑整治土地，修筑田界和开挖水沟。好比造房屋，既已勤劳地筑起了墙壁，就应当考虑完成涂泥和盖屋的工作。好比制作梓木器具，既已勤劳地剥皮砍削，就应当考虑完成彩饰的工作。

　　"今王惟曰¹：先王既勤用明德²，怀为夹³，庶邦享作⁴，兄弟方来⁵。亦既用明德，后式典集⁶，庶邦丕享⁷。

[注释]

1 王：王家。惟：思考。

2 用：《方言》："行也。"

3 怀：来。夹：通"郏"，洛邑。见《尚书易解》。

4 享作：享献和劳作。见《尚书骈枝》。

5 方：邦，国。

6 后：指诸侯。式：用，因。典：常。集：《广韵》："安也。"

7 丕：乃。见《词诠》。

[译文]

"现在我们王家考虑：先王既已努力施行明德，来作洛邑，各国都来进贡任役，兄弟邦国也都来了。也是已经施行了明德，诸侯因此常安，众国才来进贡。

"皇天既付中国民越厥疆土于先王，肆王惟德用，和怿先后迷民¹，用怿先王受命²。已³！若兹监⁴，惟曰欲至于万年⁵，惟王子子孙孙永保民⁶。"

[注释]

1 和怿：和悦。先后：指导。《诗经·大雅·绵》"予曰有先后"，《毛传》："相道前后曰先后。"迷民：不服从的殷民。

2 怿：通"致"，终，完成。《经典释文》："怿，字又作'致'。"用：目的连词，同"以"。

3 已：唉，叹词。

4 监：治理。

5 惟：思考。欲：将。见《词诠》。

6 惟：与，和。

[译文]

"上天既已把中国的臣民和疆土都付给先王，今王也只有施行德政，来和悦、教导殷商那些迷惑的民众，用来完成先王所受的使命。唉！像这样治理殷民，我想你将传到万年，同王的子子孙孙永远保有殷民。"

以上第二段，周公申述制定政策的理由，激励康叔完成先王未竟的事业。

召　诰

　　召，指召公，名奭，周武王的弟弟，西周初期著名的政治家。

　　周武王灭商以后，曾计划在伊水、洛水之间营建新都。三监之乱使西周统治者更加深切地意识到周的国都镐京与殷商故地距离过于遥远，不利于统治。周公归政成王后，成王决定重新营建洛邑，委派召公主持营建工程。周公随后也去了，经过视察和龟卜，周公认为洛邑是周王朝统治天下的适中地域。成王同意周公、召公的决定，于是召公率领各国的诸侯拜见成王，赞美成王迁居洛邑治理天下的决定，勉励成王施行德政，爱护百姓，光大文王、武王开创的业绩。史官记录营建洛邑的过程和召公的诰词，写成《召诰》。

　　古人崇拜神灵，万事求神，万事问卜，建造城邑这一类大事更离不开占卜与祭祀。召公主持营建洛邑，先赴洛地勘察地形，测量方位，确定宗庙、宫室、朝市等各类建筑物的位置，周公随后前去全面视察营建新城邑的区域，祭祀天地神祇。然后才正式颁布建邑命令，大举动工。工程建筑中的占卜与祭祀在后世流传颇广，现在各地农村里建造房屋，还多有选时日、看风水、放爆竹、摆酒席的习俗，这大概也是古代习俗在今日的流风余波。

　　召公在向成王汇报营建洛邑的工作情况时，着重谈论君王个人品德与夺取天下、保有天下的关系。召公指出，只有"王其德之用"，方能永远享有上天赐予的统治天下的大命。周公急切地吁请成王"肆惟王其疾敬德"，十分强调君王加强品德修养的重要性和迫切性。通过《召诰》，我们可以更清楚，周初天命观的内核其实正是"德"，"德"与"天命"是互动的，是相互影响的。"德"的观念对后世产生了根本性的影响。千百年来，"立德"始终是最重要的政治话题和最首要的政治目标。《左传·襄公二十四年》记载晋国范宣子询问到访的穆叔何谓"死而不朽"，穆叔引述古人格言："太上有立德，其次有立功，其次有立言。"认为"虽久不废，此之谓三不朽"。"立德"为"三不朽"之首。

　　《召诰》是研究周初政治思想的重要文献。王国维《殷周制度论》认为："此篇乃召公之言，而史佚书之以诰天下，文、武、周公所以治天下之精义大法，胥在于此。"

惟二月既望[1]，越六日乙未[2]，王朝步自周[3]，则至于丰[4]。

惟太保先周公相宅[5]。越若来三月[6]，惟丙午胐[7]。越三日戊申，太保朝至于洛，卜宅。厥既得卜[8]，则经营[9]。越三日庚戌，太保乃以庶殷攻位于洛汭[10]。越五日甲寅，位成。

[注释]

1 二月：成王七年的二月。参《史记·周本纪》及《鲁世家》。

2 越：及，到。《经传释词》："越，犹'及'也。"下文"越三日戊申"、"越三日庚戌""越五日甲寅"之"越"同。

3 王：成王。朝：早晨。周：指镐京，在今西安市西南。

4 则：《广雅·释言》："即也。"下文"则经营"之"则"同。丰：丰邑，文王庙在此。

5 太保：官名，当时召公为太保。相：视察。《尔雅·释诂》："相，视也。"宅：居处。

6 来：下一月。见《尚书正读》。

7 胐fěi：《说文·月部》："月未盛之明。"用作农历每月初三的代称。《孔传》："月三日明生之名。"

8 卜：吉卜。见《孔传》。

9 经营：规划。《孔传》："经营规度城郭郊庙朝市之位处。"黄生《义府·上》曰："径直为经，周回为营，谓相步其基址也。"

10 以：率领。庶殷：众殷民。攻：治理。汭ruì：河流会合处。《说文》："水相入也。"洛汭，洛水流入黄河的地方。

[译文]

二月十六日以后，到第六天乙未，成王早晨从镐京步行，到了丰邑。

太保召公在周公之前，到洛地视察可居的地址。到了下三月丙午，新月初现光辉。到了第三天戊申，太保早晨到达了洛地，卜问所选的地址。太保已经得了吉兆，就规划起来。到第三天庚戌，太保便率领众多殷民，在洛水与黄河汇合的地方划定邑居的位置。到第五天甲寅，位置确定了。

若翼日乙卯[1]，周公朝至于洛，则达观于新邑营[2]。越三日丁巳，用牲于郊[3]，牛二。越翼日戊午，乃社于新邑[4]，牛一，羊一，豕一。越七日甲子，周公乃朝，用书命庶殷侯甸男邦伯[5]。厥既命殷庶，庶殷丕作[6]。

太保乃以庶邦冢君出取币[7]，乃复入锡周公[8]。曰："拜手稽首旅王[9]，若公诰告庶殷越自乃御事[10]。

[注释]

1 若：到。《经传释词》："若，犹'及'也。"

2 达：《广雅·释诂》："通也。"营：所经营的区域。

3 郊：南郊。祭天在都城的南郊。《礼记·祭法》注："祭上帝于南郊曰郊。"

4 社：祭土神。

5 书：分配任务的文书。

6 丕：程度副词，大。作：任劳役。

7 以：和。冢君：大君。币：玉和帛之类的礼物，用来表示敬意。

8 锡：进献。古代可用于下对上。《尧典》"师锡帝曰"，《禹贡》"纳锡大龟"均为下对上。

9 旅：陈述。

10 若：顺从。自：用。见《诗经·大雅·绵》。乃：其。见《经传释词》。

[译文]

到了明日乙卯，周公早晨到达洛地，就全面视察新邑的区域。到第三天丁巳，在南郊用牲祭祀上帝，用了两头牛。到明日戊午，又在新邑举行祭地的典礼，用了一头牛、一头羊和一头猪。到第七天甲子，周公就在早晨用诰书命令殷民以及侯、甸、男各国诸侯分配任务。已经命令了殷民之后，殷民就大举动工。

太保于是同众国君长出来取了币帛，再入内进献给周公。太保说："跪拜叩头报告我王，请顺从周公的意见告诫殷民和任用殷商的旧臣。

以上第一段，记叙营建洛邑的经过。

"呜呼！皇天上帝改厥元子[1]，兹大国殷之命[2]。惟王受命，无疆惟休[3]，亦无疆惟恤[4]。呜呼！曷其奈何弗敬[5]？

[注释]

1 元子：首子，指天子。《尔雅·释诂》："元，首也。"郑玄："言首子者，凡人皆天之子，天子为之首耳。"

2 兹：通"已"，终止。见《尚书易解》。

3 休：吉祥。

4 恤：《说文·心部》："忧也。"

5 曷其：如何。奈何：如何。与"曷其"同义复用，加强语气。

[译文]

"啊！皇天上帝改变了天下的元首，结束了大国殷商的福命。大王接受了天命，美好无穷无尽，忧患也无穷无尽。啊！怎么能够不敬慎啊！

"天既遐终大邦殷之命[1]，兹殷多先哲王在天，越厥后王后民，兹服厥命[2]。厥终，智藏瘝在[3]。夫知保抱携持厥妇子[4]，以哀吁天，徂厥亡[5]，出执[6]。呜呼！天亦哀于四方民，其眷命用懋[7]。王其疾敬德[8]！

[注释]

1 遐：远，久。《尔雅·释诂》"遐""远"互训。《尚书易解》："言天久终大邦殷之命。"

2 服：受。下文"有夏服天命"与"有殷受天命"互文，"服""受"同义。

3 瘝guān：病，指害人的人。

4 夫：人们。保：背负。屈万里《尚书释义》根据金文字形"象人负子而子有褓护之状；即'褓'字，亦当有负义。”

5　徂：通“诅”，诅咒。孙诒让说。

6　执：通“垫”。《益稷》“下民昏垫”郑注：“垫，陷也。”这里指困境。

7　懋：通“贸”，移易。《小尔雅·广诂》：“贸，易也。”

8　疾：加速。《释诂》：“疾，速也。”

[译文]

　　“上帝早已要结束大国殷的福命，这个殷国许多圣明的先王都在天上，因此殷商后来的君王和臣民，才能够享受着天命。到了纣王的末年，明智的人隐藏了，害民的人在位。人们只知背着、抱着、牵着、扶着他们的妻子儿女，悲哀地呼告上天，诅咒纣王灭亡，企图脱离困境。啊！上天也哀怜四方的老百姓，眷顾的福命因此改变了。大王要赶快认真施行德政呀！

　　“相古先民有夏，天迪从子保[1]；面稽天若[2]，今时既坠厥命[3]。今相有殷，天迪格保[4]；面稽天若，今时既坠厥命。今冲子嗣[5]，则无遗寿耇[6]，曰其稽我古人之德[7]，矧曰其有能稽谋自天！

[注释]

1 迪：教导，引导。从：顺从。子：通"慈"。见《经义述闻》。

2 面：通"勔"，勉力，努力。天若：天之所顺。

3 坠：《广雅·释诂》："失也。"

4 格：嘉。于省吾云："'格''假'古通，《中庸》释文：假，嘉也。"

5 冲子：稚子，指成王。

6 遗：《广雅·释诂》："余也。"寿耇：年高德劭的人。

7 曰：句首语气助词。其：庶几。

[译文]

　　"观察古时候的夏代先民，上帝教导顺从慈保，努力考求天意，现在已经丧失了王命。现在观察殷商，上帝教导顺从嘉保，努力考求天意，现在也已经丧失了王命。如今你这年轻人继承了王位，没有多余的老成人，能够考求我们古代先王的德政，何况能够有能考求天意的人呢？

　　以上第二段，说明天命不常，勉励成王敬重贤能。

　　"呜呼！有王虽小¹，元子哉！其丕能诚于小民²。今休：王不敢后，用顾畏于民碞³；王来绍上帝⁴，自服于土中[5]。

　　"旦曰：'其作大邑，其自时配皇天[6]，毖祀于上下，其自时中乂[7]；王厥有成命治民[8]。'今休：王先服殷御事[9]，比介于我有周御事[10]，节性惟日其迈[11]。

[注释]

　　1 有王：即王，"有"为前附音节。

　　2 丕：大。诚：和。参见《大禹谟》"至诚感神"。

　　3 用：由，因。嵒：通"岩"，险。民嵒，即民险，谓殷民难治。

　　4 绍：通"卧"，卜问。

　　5 服：治理。土中：指洛邑，洛邑在九州的中心。

　　6 时：此。配：配享。配皇天，祭天时用周祖先配天受祭。《孝经》："昔在周公，郊祀后稷以配天，宗祀文王于明堂以配上帝。"

　　7 时中：这个中心，指洛邑。乂：治。

　　8 厥：句中语气助词。成命：定命。

　　9 先：尚，重视。《吕氏春秋·先己》注："先，犹'尚'也。"服：用，见《说文》。

　　10 介：一本作"尔"，即"迩"字。迩，近。比介，亲近。

　　11 节：和。见《吕氏春秋·重己》注。惟：乃。迈：

进，增进。

[译文]

　　"啊！王虽然年轻，却是元首啊！要特别能够和悦老百姓。现在可喜的是：王不敢迟缓营建洛邑，由于王敬畏殷民难于治理；王前来卜问上天，打算亲自在洛邑治理他们。

　　"姬旦对我说：'要营建洛邑，要从这里匹配皇天，谨慎祭祀天地，要从这个中心地方统治天下；王已经有定命治理殷民了。'现在可喜的是：王重视使用殷商治事官员，使他们亲近我们周王朝的治事官员，他们和睦的感情就会一天天地增长。

　　以上第三段，赞美成王营洛治事的决定。

　　"王敬作所[1]，不可不敬德。

　　"我不可不监于有夏[2]，亦不可不监于有殷。我不敢知曰[3]：有夏服天命，惟有历年[4]；我不敢知曰：不其延[5]。惟不敬厥德[6]，乃早坠厥命。

　　"我不敢知曰：有殷受天命，惟有历年；我不敢知曰：不其延。惟不敬厥德，乃早坠厥命。今王嗣受厥命，我亦惟兹二国命，嗣若功[7]。

　　[注释]

1　所：居所，邑居，此指新邑。

2　监："鉴"古字。参见《酒诰》"人无于水监"。

3　敢：表敬副词，无义。

4　服：受。历：《小尔雅·广诂》："久也。"历年，永年。

5　其：助词。延：延长。不其延，指短祚。

6　惟：以，因。

7　若：其，他们。王念孙云："若，犹'其'也。"

[译文]

"王重视造作都邑，不可以不重视行德。

"我们不可不鉴戒夏代，也不可不鉴戒殷代。我不敢知道，夏接受天命有长久时间；我也不敢知道，夏的国运不会延长。我只知道他们不重视行德，才过早失去了他们的福命。

"我不敢知道，殷接受天命有长久时间；我也不敢知道，殷的国运不会延长。我只知道他们不重视行德，才过早失去了他们的福命。现今大王继承了治理天下的大命，我们也该思考这两个国家的命运，继承他们的功业。

"王乃初服[1]。呜呼！若生子[2]，罔不在厥初生，自贻哲命[3]。今天其命哲[4]，命吉凶[5]，命历年；知今我初服[6]，宅新邑。肆惟王其疾敬德[7]！王其德之用[8]，祈天永命。

[注释]

1 服：任事。初服，初理政务。

2 生：《周礼·大宰》"以生万民"注："生犹养也。"

3 贻：遗，传。见《尔雅·释言》及《诗经·大雅·文王有声》郑笺。

4 其：将。见《经传释词》。命：给予。《小尔雅·广言》："命，予也。"

5 吉凶：偏指吉祥。

6 知：闻知。见《国语·楚语》注。

7 肆：今。

8 其：庶几。王其德之用，宾语前置句，即"王其用德"。

[译文]

"王是初理政事。啊！好像教养小孩一样，没有不在他初受教养时，就亲自传给他明哲的教导的。现今上帝该给予明哲，给予吉祥，给予永年；因为上帝知道我王初理政事时，住到了新邑。现在王该快些重视行德！王该施用德政，向上帝祈求长久的福命。

"其惟王勿以小民淫用非彝[1]，亦敢殄戮[2]，用乂民，若有功[3]。其惟王位在德元[4]，小民乃惟刑用于天下[5]，越王显[6]。上下勤恤[7]，其曰我受天命[8]，丕若有夏历年[9]，式勿替有殷历年[10]，欲王以小民受天永命[11]。"

[注释]

1 其：庶几。以：使。见《战国策·秦策》注。淫：过。彝：法。

2 亦敢：亦不敢。曾运乾说："犹言亦勿敢，蒙上文'勿'字而省也。殄：灭。

3 若：乃。见《经义述闻》。

4 位：通"立"。元：首。

5 刑：《尔雅·释诂》："法也。"这里指效法。用：行。

6 越：《尔雅·释言》："扬也。"显：光显。

7 上下：指君臣。恤：忧。

8 其：表示推测语气。

9 丕：句首语气助词。

10　式：应当。见丁声树《诗经式字说》。替：止。

11　以：与，和。

[译文]

"愿王不要让老百姓肆行非法的事，也不要用杀戮治理民众，才会有功绩。愿王立于德臣之首，让老百姓效法施行于天下，发扬王的美德。君臣上下勤劳忧虑，也许可以说，我们接受的天命会像夏代那样久远，应当不止殷代那样久远，愿君王和臣民共同接受上帝的永久天命。"

以上第四段，勉励成王敬德以求天之永命。

拜手稽首，曰："予小臣敢以王之仇民百君子越友民[1]，保受王威命明德[2]。王末有成命[3]，王亦显[4]。我非敢勤[5]，惟恭奉币[6]，用供王能祈天永命[7]。"

[注释]

1　予小臣：召公谦称。仇民：指殷遗民，即《梓材》篇之"迷民"。百君子：指殷的众位官员。越：与。友民：顺从周的臣民。

2　保：安。

3　末：终。成命：定命。这里指成王营建洛邑的决定。

4　王亦显：指成王也与文王、武王、周公一样功德显赫。

5 勤：尽力。《尔雅·释诂》："勤，劳也。"《周礼·春官·大宗伯》"秋见曰觐"郑玄注："觐之言勤也，欲其勤王之事。"

6 币：就是上文的玉帛之类。

7 供：进献。《广雅·释诂》："供，进也。"能：善。见《汉书·百官公卿表上》颜师古注。

[译文]

召公跪拜叩头说："我这小臣率领殷的臣民以及友好的臣民，会安然接受王威严的命令，宣扬王的大德。王终于决定营建洛邑，王也会（与文王、武王一样功德）光显。我不敢说我已经勤劳王事，只想恭敬奉上币帛，以供王去好好祈求上帝的永久福命。"

以上第五段，召公和诸侯表明拥护成王的心意。

洛　诰

　　营洛治洛，安定殷民，是周初的重要政治决策。史官将周公和成王先后讨论的对话以及洛邑冬祭时的情况辑录成篇，册告天下，名叫《洛诰》。

　　《洛诰》反映了周公谋国的忠心和成王倚重周公的诚意，也显示了君臣团结无间、亲爱协调的情形。金履祥《尚书表注》认为："《召诰》、《洛诰》相为首尾。"周公和召公的政治主张和政治策略思想，奠定了中国历史上第一个太平盛世"成康之治"的政治基础和思想基础。

　　《洛诰》与前篇《召诰》都记载了周公"自时中乂"的观念，对历朝历代都城选址产生了极其重大、深远的影响。在周公看来，定都应当选择天下中心。《史记·周本纪》对此有更详细的说明："成王在丰，使召公复营洛邑，如武王之意。周公复卜申视，卒营筑，居九鼎焉。曰：'此天下之中，四方入贡道里均。'"这表明周人看重洛邑的地缘优势，居天下之中以方便管辖四方。

"尚中"的意识萌芽很早。甲骨卜辞中记载商有时称"中商"，同时还有"四方""四土"等，是商的附属邦国，说明商代已有强烈的中心意识。有些文献记载更将这一观念上溯至舜、禹乃至黄帝时代。《淮南子·天文训》："中央土也，其帝黄帝，其佐后土，执绳而制四方。"但是，直到周公才将"尚中"的道理阐述得具体明白。商代也曾五次迁都，但多是因水患等客观原因而被迫迁徙，尚未主动追求居中；而成周洛邑的营建则显然是有意为之，经过精心的筹划。研究表明，西周控制的疆域西起甘肃东部，东达海滨，北至辽宁，南抵长江，而据谭其骧《中国历史地图集》所绘《西周时期中心区域图》，洛阳正是这一区域的中心。传世文献中，"中国"一词最早见于《周书·梓材》篇："皇天既付中国民越厥疆土于先王。"《诗经·大雅·民劳》也有"惠此中国"句。"中国"一词的产生很可能与周人主动"居中"的理念存在紧密联系。《诗经·大雅·荡》中，"中国"用来指称商王朝统治的中原地区，而当时周人尚以"西土之人"自居，由这种称名上的强烈反差可见当时周人对商王朝心存羡慕。这种心理应当也是周人积极居中的原因之一。灭商以后，周人意识到自己不再只是西土的联盟领袖，而是全天下的共主。正是这种极为强烈的主人翁意识使得西周的格局比殷商更加宏伟。《召诰》篇中恰恰出现"天下"一词，这也不是偶然。周人积极谋求掌管、参与全天下的事务，所以他们考虑问题往往都是从全天下出发，从而显示出"天下共主"的主人翁意识。

《洛诰》具有重要的文献价值，《何尊》铭文证实了周初营洛治洛的真实性和重要性。

周公拜手稽首曰："朕复子明辟[1]。王如弗敢及天基命定命[2]，予乃胤保大相东土[3]，其基作民明辟[4]。

[注释]

1　复：告诉。子：您，指成王。明辟：明法，指治理洛邑的办法。此王船山之说。

2　及：参与。基：始。命：告。定命：指作洛。见《尚书易解》。

3　胤：继。保：太保，即召公。东土：指洛邑。

4　其：乃。见《经传释词》。基：《尔雅·释诂》："谋也。"作：振作，鼓舞。

[译文]

周公跪拜叩头说："我告诉您治理洛邑的办法。王似乎不敢参与上天先前命令安定天下的大命，我就继太保之后，全面视察了洛邑，就商定了鼓舞民众的治理洛邑的办法。

"予惟乙卯，朝至于洛师[1]。我卜河朔黎水[2]，我乃卜涧水东、瀍水西[3]，惟洛食[4]；我又卜瀍水东，亦惟洛食。伻来以图及献卜[5]。"

[注释]

1　洛师：洛邑。

2　河：黄河。河朔，黄河以北。黎水：卫河和淇水合流到黎阳故城叫黎水。黎阳故城在今河南浚县东北。

3　涧水：发源于河南渑池县，到洛阳西南流入洛水。瀍chán水：源于洛阳西北，至洛阳东流入洛水。

4　食：龟卜呈现吉兆。《孔传》："卜必先墨画龟，然后灼之，兆顺食墨。"

5　伻bēng：使。伻来，使成王来洛。《尚书正读》："食者，兆；不食者，不兆。"图：谋。及：与。

[译文]

"我在乙卯这天，早晨到了洛邑。我先占卜了黄河北方的黎水地区，我又占卜了涧水以东、瀍水以西地区，仅有洛地吉利。我又占卜了瀍水以东地区，也仅有洛地吉利。于是请您来商量，我且献上卜兆。"

王拜手稽首曰："公不敢不敬天之休[1]，来相宅，其作周匹[2]，休！公既定宅，伻来，来，视予卜[3]，休恒吉[4]。我二人共贞[5]。公其以予万亿年敬天之休[6]！拜手稽首诲言。"

[注释]

1 休：《尔雅·释诂》："美也。"

2 周匹：镐京的匹配。《尚书覈诂》："作周匹，谓作周辅也。《召诰》'其自时配皇天'。盖公之作配于周，亦犹王之作配于天也。"

3 视：古"示"字。见《诗经·小雅·鹿鸣》"视民不恌"郑玄笺。视予卜，示我以卜。

4 休：喜。见《广雅·释诂》。恒：遍。见《诗经·大雅·生民》"恒之秬秠，是获是亩"毛亨传。

5 贞：马融："当也。"

6 其：庶几。以：率领。

[译文]

成王跪拜叩头，回答说："公不敢不敬重上帝赐给的福庆，亲自勘察地址，将营建与镐京相配的新邑，很好啊！公既已选定地址，使我来，我来了，又让我看了卜兆，我为卜兆并吉而高兴。让我们二人共同承当这一吉祥。愿公引领我永远敬重上帝的福庆！跪拜叩头接受我公的教诲。"

以上第一段，周公和成王在洛邑商定定都事宜。

周公曰："王，肇称殷礼[1]，祀于新邑，咸秩无文[2]。予齐百工[3]，伻从王于周[4]，予惟曰[5]：'庶有事[6]。'今王即命曰[7]：'记功，宗以功作元祀[8]。'惟命曰[9]：'汝受命笃弼[10]，丕视功载[11]，乃汝其悉自教工[12]。'

[注释]

1 肇：始。称：举行。殷礼：会见众诸侯之大礼。《周礼·大宗伯》："以宾礼亲邦国……时见曰会，殷见曰同。"郑注："殷犹众也。十二岁王如不巡守，则六服尽朝，朝礼既毕，王亦为坛，合诸侯以命政焉。所命之政，如王巡守。殷见，四方四时分来，终岁则徧。"

2 咸：都。秩：次序，引申为安排。文：通"紊"，乱。

3 齐：率领。《尔雅·释诂》："齐，将也。"百工：百官。

4 周：指镐京。

5 惟：思。

6　庶：大概，也许。事：指祭祀。

7　即：就。即命：就这件事下令。

8　宗：宗人，管礼乐的官。元祀：大祀。

9　惟：有。见《东京赋》薛注。

10　受命：接受武王的顾命。笃：通"督"，督导。孙诒让说。弼：辅助。

11　丕：大大地。功载：记功的书。

12　乃：于是。悉：尽心。自：亲自。教工：指导工作。

[译文]

周公说："王啊，开始举行殷礼接见诸侯，在新邑举行祭祀，都已安排得有条不紊了。我率领百官，使他们在镐京听从王命，我想道：'您或许将有祭祀的事。'现在王命令道：'记下功绩，宗人率领功臣举行大祀。'王又有命令道：'你接受先王遗命，督导辅助，你全面查阅记功的书，然后你要悉心亲自指导这件事。'

"孺子其朋[1]，孺子其朋，其往[2]！无若火始焰焰[3]；厥攸灼叙[4]，弗其绝。厥若彝及抚事如予[5]，惟以在周工往新邑[6]。伻向即有僚[7]，明作有功[8]，惇大成裕[9]，汝永有辞[10]。"

[注释]

1 孺子：指成王。朋：古"凤"字，引申有奋起、振奋义。

2 往：去往洛邑。章太炎云："正当言孺子其朋往，以告诚丁宁，故分为三逗，正如口吃语矣。"

3 焰焰：微小的样子。

4 攸：所。灼：烧。叙：绪，残余。《尚书易解》："无若句，欲其气之壮。厥攸句，欲其绪之长。"

5 厥：对称代词，您。若：遵循。彝：常法。及：汲汲，努力。抚：主持。《广雅·释诂》："抚，持也。"

6 在周工：在镐京的官员。

7 向：《荀子·仲尼篇》注："趋也。"向即，趋就。有僚：官职。伻向即有僚，意谓使其各尽其职。

8 明：勉力。

9 惇：重视。惇大，重视大的。裕：大，指大事。成裕，完成大事。这里指举行祭祀和殷礼。见《尚书易解》。

10 辞：赞美之辞。

[译文]

"您要振奋，您要振奋，要到洛邑去！不要像火刚开始燃烧时那样气势微弱；那燃烧的余火，不可让它熄灭。您要像我一样顺从常法，努力主持政事，率领在镐京的官员前往洛邑。使他们各就其职，勉力建立功勋，重视大事，完成大业。您就会永远获得美誉。"

　　公曰："已[1]！汝惟冲子[2]，惟终[3]。汝其敬识百辟享[4]，亦识其有不享。享多仪[5]，仪不及物，惟曰不享。惟不役志于享[6]，凡民惟曰不享[7]，惟事其爽侮[8]。乃惟孺子颁[9]，朕不暇听[10]。

　　"朕教汝于棐民彝[11]，汝乃是不蘉[12]，乃时惟不永哉[13]！笃叙乃正父罔不若予[14]，不敢废乃命。汝往敬哉！兹予其明农哉[15]！彼裕我民[16]，无远用戾[17]。"

[注释]

1　已：唉。

2　惟：通"虽"。《经传释词》："《玉篇》曰：'词两设也。'常语也。字或作'唯'。""字又作'惟'。"冲：幼。冲子，义同上文"孺子"，也指成王。

3　惟：思。终：完成（前人之功）。

4　百辟：众诸侯。享：享礼，朝见的礼节。

5　多：重视。

6　惟：因为。役：使用。见《周礼·小宰》注。役志，用心。

7　惟：《经传释词》："惟，犹'乃'也。"下文"乃时惟不永哉"的"惟"同。

8　爽：差错。侮：轻慢。

9　乃：《经传释词》："急词也。"颁：分担。《礼记·祭义》郑玄注："颁之言分也。"

10　听：听政。孙星衍云："听政事之繁多，孺子分其任，我有所不遑也。"

11　于：以。棐：辅助。彝：法。见《周礼·春官·叙官》"司尊彝"注。

12　乃：若。蘉máng：勉力。汝乃是不蘉，即"汝乃不蘉是"，宾语前置。

13　时：善，指善政。永：远，推广。

14　笃：通"督"，督察。叙：铨叙，升降。正：长官。父：同姓长官。

15　兹：现在。其：《经传释词》："犹'将'也。"明、农：都是勉的意思。见《广雅》。

16　彼：往。《说文·彳部》："彼，往有所加也。"裕：教导。《方言》："裕，道也。"

17　无：句首语气助词，无义。用：因此。戾：至。见《尔雅·释诂》。

[译文]

周公说："唉！您虽然是个年轻人，该考虑完成先王未竟的功业。您应该认真考察诸侯的享礼，也要考察其中也有不享的。享礼注重礼节，假如礼节赶不上礼物，应该叫作不享。因为诸侯对享礼不用心，臣民就会认为不要享了。这样，政事将会错乱怠慢。我急想您来分担政务，我无暇代听政事了。

"我教给您辅导百姓的法则，您假如不努力办这些事，您的善政就不会推广啊！全像我一样监督升降您的官员，他们就不敢废弃您的命令了。您到新邑去，要认真啊！现在我们要奋发努力啊！去教导好我们的臣民，远方的人因此也就归附了。"

王若曰："公明保予冲子¹。公称丕显德²，以予小子扬文武烈³，奉答天命，和恒四方民⁴，居师⁵；惇宗将礼⁶，称秩元祀⁷，咸秩无文⁸。惟公德明光于上下⁹，勤施于四方。旁作穆穆¹⁰，迓衡不迷¹¹。文武勤教¹²，予冲子夙夜毖祀¹³。"

王曰："公功棐迪¹⁴，笃棐不若时¹⁵。"

[注释]

1 明：勉力。

2 称：发扬。

3 以：使。见《战国策·秦策》高诱注。扬：继续。

烈：事业。

4　和恒：双声连语，和悦的意思。见《尚书易解》。

5　师：洛师，洛邑。

6　惇：厚。宗：尊。将：大。宗将礼，即尊重大礼。

7　称：举行。秩：安排。元：大。

8　文：紊乱。

9　光：广，充塞。上下：指天地。

10　旁：《广雅·释诂》："广也。"穆穆：美，指美政。

11　迓：一作"御"，逆。章太炎云："御从午声，午者，啎也。""逆亦言啎也。"衡：通"横"。迷：乱。御衡不迷，言遭横逆而心不乱。

12　文武：文武百官。

13　毖：谨慎。

14　功：通"攻"，《尔雅·释诂》："攻，善也。"迪：辅导。

15　笃：信。若：顺。时：承。

[译文]

王这样说："公啊！请努力保佑我这年轻人。公发扬伟大光显的功德，使我继承文王、武王的事业，奉答上帝的教诲，使四方百姓和悦，居住在洛邑；隆重举行大礼，安排盛大的祭祀，都有条不紊。公的德辉充满天地，勤劳施于四方，普遍推行美政，虽遭横逆的事而不迷乱。文武百官努力实行您的教化，我这年轻人就早晚慎重进行祭祀好了。"

王说："公善于辅导，我真的无不顺从。"

以上第二段，记录周公和成王在镐京讨论治洛的事。

王曰："公！予小子其退，即辟于周[1]，命公后[2]。四方迪乱未定[3]，于宗礼亦未克敉[4]，公功迪将[5]，其后监我士、师、工[6]，诞保文武受民[7]，乱为四辅[8]。"

王曰："公定[9]，予往已[10]。公功肃将祗欢[11]，公无困哉！我惟无斁其康事[12]，公勿替刑，四方其世享[13]。"

[注释]

1 退：返回（镐京）。《广雅·释诂》："退，归也。"即辟：就君位。周：镐京。

2 后：后续，继续。指继续治洛。

3 迪：教导。乱：治理。

4 宗礼：宗人礼典。敉：通"弭"，完成。

5 功：善。迪：教导。将：扶持。

6 士、师、工：各级官员。

7 诞：句首语气助词。受民：所受之民。

8 乱：率，句首语气助词。四辅：帮助天子的四位

大臣，在前面的叫"疑"，后面的叫"丞"，左面的叫
"辅"，右面的叫"弼"。统称四辅。

9 定：止，留下来。

10 已：矣。

11 功：善。肃：《尔雅·释诂》："疾也。"将：
行。祗：敬。欢：和。祗欢，指敬和殷民的事。见《尚书易
解》。

12 致：厌倦，懈怠。康：蔡邕《独断》："安乐治民
曰康。"

13 替：止，停止。刑：通"型"，示范。享：朝享。

[译文]

王说："公啊！我这年轻人就要回去，在镐京就位了，
请公继续治洛。四方经过教导治理，还没有安定，宗礼也没
有完成，公善于教导扶持，要继续监督我们的各级官员，安
定文王、武王所接受的殷民，做我的辅佐大臣。"

王说："公留下吧！我要往镐京去了。公要妥善迅速进
行敬重和睦殷民的工作，公不要以为困难呀！我当不懈地治
理政事，公要不停地示范，四方诸侯将会世世代代来朝享
了。"

以上第三段，记录成王在洛邑请求周公继续治洛。

周公拜手稽首曰："王命予来，承保乃文祖受命民，越乃光烈考武王弘[1]，朕恭[2]。孺子来相宅[3]，其大惇典殷献民[4]，乱为四方新辟，作周恭先[5]。曰：'其自时中乂，万邦咸休[6]，惟王有成绩。予旦以多子越御事[7]，笃前人成烈[8]，答其师[9]，作周孚先[10]。'考朕昭子刑[11]，乃单文祖德[12]。

[注释]

1　越：发扬。烈：业，有功。考：先父。弘：大，宏大。

2　恭：奉行，指奉行继续治洛的命令。

3　相：视察。宅：居，所居之处，指洛邑。

4　其：通"基"，谋。惇典：厚和守法。献：贤。

5　恭：通"共"，法。见《诗经·商颂·长发》"受小共大共"毛亨传。先：先导。

6　休：庆幸，喜欢。

7　多子：指众卿大夫。

8　笃：《广雅·释诂》："理也。"烈：业。前人成烈，武王倡议宅洛，所以说治洛是前人事业。

9　答：合，集合。师：众人。

10　孚：通"郭"，《说文·邑部》："郭也。"周郭，周家之城郭，指洛邑。章太炎说。

11 考：成。昭：通"诏"，告。刑：法，指上文"其
自时中乂……作周孚先"三十四字。见《尚书易解》。

12 单：光大。《说文·吅部》："单，大也。"

[译文]

周公跪拜叩头说："王命令我到洛邑来，继续保护您的
先祖文王所受的殷民，宣扬您光明有功的父亲武王的伟大，
我奉行命令。王来视察洛邑的时候，谋求使殷商贤良的臣民
都敦厚守法，制定治理四方的新法，作周法的先导。我曾经
说过：'该从这九州的中心进行治理，万国都会喜欢，王也
会有功绩。我姬旦率领众位卿大夫和治事官员，经营先王的
成业，集合众人，作修建洛邑的先导。'实现我告诉您的这
一办法，就能发扬光大先祖文王的美德。

"伻来毖殷[1]，乃命宁予以秬鬯二卣[2]。曰：'明
禋，拜手稽首休享[3]。'予不敢宿[4]，则禋于文王、武
王。'惠笃叙[5]，无有遘自疾[6]，万年厌于乃德，殷乃引
考。[7]'　'王伻殷乃承叙万年[8]，其永观朕子怀德[9]。'"

[注释]

1 伻：使者。毖：慰劳。

2　宁：问安，问候。秬jù鬯chàng：黑黍香酒。卣yǒu：
中等大小的酒器。《尔雅·释器》："中尊也。"郭璞注：
"不大不小者。"后来渐渐转化为一个常见的容量单位词。
甲金文中"卣"已经大量表示容量单位。

3　禋：祭祀。参见《舜典》"禋于六宗"。休：庆幸。
享：献。

4　宿：经过一宿。

5　惠：惟。见《尚书正读》。笃：厚，大。叙：顺。

6　有：或。遘gòu：遇。自疾：罪疾。章太炎说：
"'自'即'罪'之省借，'罪疾'连文，见《春官·小
祝》及《盘庚》中篇。"《盘庚中》例见"高后丕乃崇降罪
疾"句。

7　厌：饱。乃：能够。引：长。考：成功。

8　承叙：承顺。

9　朕子：吾子，指成王。怀：安，指安定人民。

[译文]

"您派遣使者来洛邑慰劳殷人，又送来两卣黍香酒问候
我。使者传达王命说：'明洁地举行祭祀，要跪拜叩头庆幸
地献祭给文王和武王。'我不敢耽搁过夜，就向文王和武王
祭礼了。（我祈祷说：）'愿我很顺遂，不要遇到罪疾，万
年饱受您的德泽，殷事能够长久成功。''愿王使殷民能够

顺从万年，将长久看到王的安民的德惠。'"

以上第四段，周公在洛邑答复王命。

戊辰，王在新邑烝[1]，祭岁[2]，文王骍牛一[3]，武王骍牛一。王命作册逸祝册[4]，惟告周公其后[5]。王宾杀禋咸格[6]，王入太室[7]，祼[8]。王命周公后，作册逸诰[9]，在十有二月。惟周公诞保文武受命[10]，惟七年。

[注释]

1 烝：冬祭。

2 祭岁：报告岁事。《广雅·释言》："祭，荐也。"《仪礼·少牢馈食礼》："用荐岁事于皇祖伯某。"

3 骍：赤色。

4 作册：官名。逸：人名。有学者说就是史佚。祝：《孔疏》："读册告神谓之祝。"

5 其：将。后：后续治洛。

6 王宾：助祭的诸侯。杀：杀牲。禋：祭祀。格：至。

7 太室：王肃云："清庙中央之室。"

8 祼：灌祭。《孔疏》："王以圭瓒酌郁鬯之酒以献尸，尸受祭而灌于地，因奠不饮，谓之祼。"

9 诰：告天下。

10 保：担任。

［译文］

戊辰这天，成王在洛邑举行冬祭，向先王报告岁事，用一头红色的牛祭文王，也用一头红色的牛祭武王。成王命令作册官名字叫逸的宣读册文，报告文王、武王，周公将继续住在洛邑。助祭诸侯在杀牲祭祀先王的时候都来到了，成王进入太室，酌酒献神。成王命令周公继续治理洛邑，作册官名字叫逸的（将这件大事）告谕天下，（时间）在十二月。周公留居洛邑担任文王、武王所受的大命，时间在成王七年。

以上第五段，记录成王在洛邑冬祭，大会诸侯，宣布周公继续居洛。

多　士

多士，就是众士，指殷商的旧臣。殷亡周兴，殷商的旧臣大族一直心怀不满，顽固不化，周人把他们叫作"仇民""顽民"。周公为了彻底瓦解殷人的反抗势力，采取了"分而治之"和"集中控制"的办法。一方面将殷民分散到卫、唐、鲁、宋等诸侯国，一方面胁迫殷商旧臣迁徙到洛邑东边的城市成周。殷人留恋故土，怨声载道。周公代替成王发布诰命，史官记述周公的诰词，写了《多士》。《竹书纪年》记载："七年三月甲子，周公诰多士于成周。"说明这件事发生在成王七年。

周初，王都东迁和殷民西迁反方向运动的中心点是巩固和加强王朝统治。营建洛邑的同时营建成周，把殷商顽民迁来成周，一方面加强对殷商顽民的教育和监督，一方面把殷商顽民和他们赖以反抗周王朝的社会基础隔离开来，史实证明这确实是十分高明的政治措施。殷人尤其崇信天命，周公就借助天命论证"周革商命"与"商革夏命"一样具有历史合理性，解除殷人反抗周王朝的思想武装，这也是十分高明的政治策略。宣扬天命和进行移民一直为后代统治者效法。

《多士》提及"惟殷先人，有册有典"，说明殷商时期已有典册。著名的甲骨学家董作宾认为"册"的本义是龟板。龟板上有孔，可用绳子串连成册。"典"在甲骨文中象双手捧册之状，也有字形为单手捧册之形，有学者指出这其实是双手捧册的侧视之形。甲骨文"典""册"往往混用。甲骨文材料佐证了《多士》这一记载的真实性。华夏文明为何在世界文明史上独树一帜，生生不息，一个重要的原因就是黄河流域具有悠久的文献传统，而这些文献传承着一个民族古老的智慧和不老的灵魂。

惟三月，周公初于新邑洛，用告商王士[1]。

王若曰："尔殷遗多士！弗吊旻天[2]，大降丧于殷[3]。我有周佑命，将天明威[4]，致天罚，敕殷命终于帝[5]。肆尔多士[6]！非我小国敢弋殷命[7]。惟天不畀允罔固乱[8]，弼我，我其敢求位[9]？惟帝不畀[10]，惟我下民秉为[11]，惟天明畏[12]。

[注释]

1 王士：俞樾《尚书平议》："'王士'之称犹《周易》言'王臣'，《春秋》书'王人'，《传》作'王官'，其义一也。"商王士，泛指殷商旧臣。

2 吊：善。旻 mín：《说文·日部》："秋天也。"这里泛指上天。不吊旻天，不善上天的人，指纣王。

3 丧：灾祸。

4 将：《仪礼·聘礼》注："犹'奉'也。"

5 致：通"至"。《礼记·乐记》注："至，行也。"

6 肆：《尔雅·释诂》："今也。"下文"肆予敢求尔于天邑商"之"肆"同。

7 小国：《孔疏》："周本殷之诸侯，故周公自称小国。"弋：取。马融本、郑玄本、王肃本"弋"作"翼"。马融说："翼，取也。"

8 畀：《尔雅·释诂》："予也。"允：相信。罔：诬。固：通"怙"，凭借。允罔固乱，指允罔固乱之人。

9 位：王位。

10 惟：因果连词，因为。

11 秉：执守。为：作为。

12 天明：天命。惟天明畏，当畏天明（命）。

[译文]

周成王七年三月，周公初往新都洛邑，用成王的命令告诫殷商的旧臣。

王这样说："你们殷商的旧臣们！纣王不敬重上天，把灾祸大降给殷国。我们周国佑助天命，奉行上天的明威，执行王者的诛罚，宣告殷的国命被上天终绝了。现在，你们众位官员啊！不是我们小小的周国敢于取代殷命，是上天不把大命给予那信诬怙恶的人，而辅助我们，我们岂敢擅求王位呢？正因为上天不把大命给予信诬怙恶的人，我们下民的所作所为，应当敬畏天命。

"我闻曰：'上帝引逸¹。'有夏不适逸²，则惟帝降格³，向于时夏⁴。弗克庸帝⁵，大淫泆有辞⁶。惟时天罔念闻⁷，厥惟废元命，降致罚⁸；乃命尔先祖成汤革夏⁹，俊民甸四方¹⁰。

[注释]

1 引：收敛，制止。《黄帝内经·素问·五常政大论》："是谓收引。"注："引，敛也。"

2 适：节制。见《吕氏春秋》高诱注。

3 格：通"诣"，教令。《玉篇》："诣，教令严也。"

4 向：劝。参见《洪范》"向用五福"。

5　庸：用，这里是听取的意思。

6　淫：游。见《广雅·释言》。泆：乐。

7　惟时：因此。念：怀念。闻：通"问"，恤问。详《经义述闻》卷二"终莫之闻也"条和卷五"亦莫我闻"条。

8　致：通"至"，大。见《吕氏春秋·求人》"至劳也"高诱注。

9　革：更改，代替。《孔传》："天命汤更代夏。"

10　俊：《说文·人部》："材千人也。"俊民，杰出人才。甸：治。

[译文]

"我听说：'上帝制止游乐。'夏桀不节制游乐，上帝就降下教令，劝导夏桀。他不能听取上帝的教导，大肆游乐还振振有词。因此，上帝也不念不问，而考虑废止夏的大命，降下重罚；上帝于是命令你们的先祖成汤代替夏桀，任命杰出的人才治理四方。

"自成汤至于帝乙，罔不明德恤祀[1]。亦惟天丕建保乂有殷[2]，殷王亦罔敢失帝[3]，罔不配天其泽[4]。在今后嗣王[5]，诞罔显于天[6]，矧曰其有听念于先王勤家[7]？诞淫厥泆[8]，罔顾于天显民祗[9]，惟时上帝不保[10]，降若兹大丧[11]。

"惟天不畀不明厥德[12]，凡四方小大邦丧，罔非有辞于罚[13]。"

[注释]

1 恤：慎。

2 建：《广雅·释诂》："立也。"保乂：安治。保乂有殷，安治殷国的人。

3 失：违失。失帝，违失天意。

4 其：《经传释词》："犹'之'也。"泽：恩泽。

5 后嗣王：指纣王。

6 诞：程度副词，很。显：明。

7 矧：何况。勤家：为家国勤劳。

8 厥：语中助词。诞淫厥泆，义同上文"大淫泆"。

9 顾：念。天显：天明，指天命。参见《康诰》"于弟弗念天显"句。祗：通"疧"，痛苦。

10 惟：因为。时：《尔雅·释诂》："是也。"惟时，因此。

11 大丧：指亡国之祸。

12 不明厥德：即不明厥德者，指不努力施行德政的人。

13 辞：怀疑。罔非有辞于罚，《尚书易解》："凡四

3 事：指征伐的事。适：通"敌"，敌人。《论语·里仁》释文："适，郑本作'敌'。"《尚书易解》："意谓惟以尔王家为敌，而不敌殷之多士也。"

4 曰：《尚书易解》："谓也，意料之意。"予其曰，我岂意谓。金履祥说。洪：程度副词，大。度：法度。

5 自：介词，从。乃邑：你们众卿士的封邑。

6 念天：谓念上天之意只在割取殷命。

7 即：则。戾：定。

8 肆：所以。《尔雅·释诂》："肆，故也。"正：治罪，指治多士的罪。《周礼·大司马》注："正之者，执而治其罪。"

[译文]

王这样说："你们殷国的众臣，现在只有我们周王善于奉行上帝的使命，上帝有命令说：'夺取殷国，并报告上天。'我们讨伐殷商，不把别人作为敌人，只把你们王家作为我的敌人。我怎么会料想到你们众官员太不守法，我并没有动你们，动乱是从你们的封邑开始的。我也考虑到天意仅仅在于夺取殷国，于是在殷乱大定之后，便不治你们的罪。"

王曰："猷[1]！告尔多士，予惟时其迁居西尔[2]，非我一人奉德不康宁[3]，时惟天命[4]。无违，朕不敢有后[5]，无我怨。

"惟尔知，惟殷先人有册有典[6]，殷革夏命。今尔又曰：'夏迪简在王庭[7]，有服在百僚[8]。'予一人惟听用德[9]。肆予敢求尔于天邑商[10]，予惟率肆矜尔[11]。非予罪，时惟天命。"

[注释]

1 猷：叹词。

2 其：《经传释词》："其，犹'将'也。"西：指成周。成周在商之西，所以称西。迁居西尔，即迁尔居西。

3 奉：秉持。孙星衍云："奉，犹'秉'也。"康宁：安静。

4 惟：《玉篇》："为也。"

5 有：或。后：《说文·彳部》："迟也。"

6 典：《说文·丌部》："大册也。"册、典都是记载史实的典籍。

7 迪：通"由"，辅。这里指辅臣。《方言》："由，辅也。"简：选择。

8 服：事，指职务，职位。百僚：百官。

9 听：受，接受。德：有德的人。

10　肆：今。求：招来。《礼记·学记》郑玄注："求，谓招徕也。"天：《广雅·释诂》："大也。"天邑，大邑。"大邑商""天邑商"之称均见于甲骨文。

11　率：用，以。《诗经·周颂·思文》："帝命率育。"毛亨传："率，用也。"《一切经音义》引《仓颉篇》："用，以也。"肆：缓，宽大。矜：怜惜。予惟率肆矜尔，《经义述闻》："言我惟用肆尔之罪矜尔之愚而已。"

[译文]

王说："啊！告诉你们众官员，我因此将把你们迁居西方，并不是我秉性不安静，这是天命。不可违背天命，我不敢迟缓（迟缓执行天命），你们不要怨恨我。

"你们知道，殷人的祖先有书册有典籍，记载着殷国革了夏国的命。现在你们又说：'当年夏的官员被选在殷的王庭，在百官之中都有职事。'我只接受、使用有德的人。现在我从大邑商招徕你们，我想以此宽大和爱惜你们。这不是我的差错，这是天命。"

以上第二段，说明迁移殷民，不用多士，也是顺从天命。

王曰：“多士，昔朕来自奄[1]，予大降尔四国民命[2]。我乃明致天罚，移尔遐逖[3]，比事臣我宗多逊[4]。”

王曰：“告尔殷多士，今予惟不尔杀[5]，予惟时命有申[6]。今朕作大邑于兹洛，予惟四方罔攸宾[7]，亦惟尔多士攸服奔走臣我多逊。

“尔乃尚有尔土，尔乃尚宁干止[8]。尔克敬，天惟畀矜尔[9]；尔不克敬，尔不啻不有尔土[10]，予亦致天之罚于尔躬!

“今尔惟时宅尔邑[11]，继尔居[12]；尔厥有干有年于兹洛[13]。尔小子乃兴[14]，从尔迁。”

王曰：“又曰时予[15]：乃或言尔攸居[16]。”

[注释]

1　奄：国名。也作郾、盖，今山东省曲阜市东。《尚书大传》：“周公摄政三年，践奄。”

2　降：下达。四国：指管、蔡、商、奄四国。

3　移：迁移。遐逖：远方，指四国。多士来自四国，所以称远方。

4　比：近日。事：服务。我宗：我们周族。指宗周和鲁、卫。逊：恭顺。

5　不尔杀：宾语前置句，不杀你们。

6　时：是，这个。有：又。申：重复。时命有申，即

"又申是命"，指上文"不降尔四国民命"。

7 惟：思，考虑。四方：四方诸侯。宾：朝贡。四方罔攸宾，金履祥云："镐京远在西偏，四方道里不均，无所于宾贡。"

8 宁：安。干：《广雅·释诂》："安也。"止：句末语气助词，无义。

9 畀：赐给。

10 不啻：不但。

11 惟：当。时：《广雅·释诂》："善也。"宅：居住。

12 居：事业。江声云："《诗·蟋蟀》'职思其居'，亦谓所为之事为居也。"

13 厥：其，也许，大概。年：《说文·禾部》："谷孰（熟）也。"有年，《谷梁传·桓公三年》："五谷皆熟为有年也。"

14 小子：指子孙。

15 时：承顺，顺从。又曰时予，即"时予时予"。《尚书正读》："本文'又曰'，重言'时予'也。……言终丁宁之意。"

16 或：通"克"，能够。见《尚书易解》。攸：通"悠"，长久。

[译文]

王说："殷的众臣，从前我从奄地来，对你们管、蔡、商、奄四国臣民广地下达过命令。我然后明行上天的惩罚，把你们从远方迁徙到这里，近来你们服务和臣属我们周族很恭顺。"

王说："告诉你们殷商的众臣，现在我不杀害你们，我想重申这个命令。现在我在这洛地建成了一座大城市，我是考虑四方诸侯没有地方朝贡，也是考虑你们服务奔走臣属我们很恭顺的缘故。

"你们还可以保有你们的土地，你们还会安宁下来。你们能够敬慎，上天将会对你们赐给怜爱；你们假如不能敬慎，你们不但不能保有你们的土地，我也将会把老天的惩罚加到你们身上。

"现在你们应当好好地住在你们的城里，继续做你们的事业。你们在洛邑会有安乐会有丰年的。从你们迁来洛邑开始，你们的子孙也将兴旺发达。"

王说："顺从我！顺从我！才能够谈到你们长久安居下来。"

以上第三段，宣布对待多士的政策，指明前途。

无　逸

　　无，通"毋"，不要。逸，逸乐。周公还政成王以后，害怕成王贪图享乐，荒废懈怠，经常告诫成王不要贪图逸乐。史官记录周公的诰词，名叫《无逸》。

　　《无逸》是对殷商统治经验的总结。宋人陈大猷说："'所其无逸'，'知小人之依'，此一篇之纲领；后章言三宗、文王及怨詈之事，皆反复推明乎此也。"这个分析符合事实，也十分中肯。

　　《无逸》开篇点题，"君子所，其无逸"（君子做官不可贪图安逸享乐），强调人君必须了解农事的艰难，了解民生疾苦，然后才能成为合格的统治者。

　　《无逸》为历代政治家总结了宝贵的历史经验教训，也为历代思想家提供了重要的理论武器。《无逸》为先秦诸子学说的建立奠定了思想基础。孟子主张："天将降大任于斯人也，必先苦其心志，劳其筋骨，饿其体肤，空乏其身"，告诫人们"生于忧患，死于安乐"。孟子的这些著名的格言以及"民本"思想，或许受到《无逸》的启发和影响。墨子的一系列政治主张或许也导源于《无逸》。清康熙帝深受《无逸》思想的熏陶。王士禛《居易录》记载康熙帝曾聆听过《无逸》篇经筵："丁巳二月十二日甲戌，上御经筵。""礼部尚书张玉书、刑部尚书图纳讲《尚书·无逸》篇毕，各官仍分东西趋出。"康熙帝又曾在《耕织图序》中表示："朕早夜勤毖，研求治理。""尝读《豳风》《无逸》诸篇。"由此可以想见，康熙帝的勤政爱民、重视农业生产，应当是受到了《无逸》篇的影响。

《无逸》中还蕴含着宝贵的教学观。周公主张君王要能够虚心纳谏。他指出："古之人犹胥训告，胥保惠，胥教诲。民无或胥诪张为幻。"这里的"人"与"民"是相对的概念，"人"主要指君主官吏；"民"则指平民。官吏相互师法的主张也见于《皋陶谟》篇："百僚师师。"孔传："师师，相师法。"孔疏："百官各师其师，转相教诲。"唐代韩愈作《师说》，称"古之圣人，其出人也远矣，犹且从师而问焉；今之众人，其下圣人也亦远矣，而耻学于师"，感慨当时"士大夫之族，曰师曰弟子云者，则群聚而笑之。"韩愈是有唐一代的硕师大儒，他感慨"师道之不存也久矣"，力图恢复师道，是因为他十分清楚求学问道的本旨在于纠正自己的偏失，从而兼济天下；师道不存，则天下将亡。《师说》正是将《尚书》等经典中的教学之道予以申说和弘扬。

《无逸》全文论述事理中心明确，层次清楚，语言流畅，不像《召诰》、《洛诰》等篇晦涩难读，宋代就有学者疑其晚出，但是文献证据不足。

周公曰："呜呼！君子所^1，其无逸^2。先知稼穑之艰难，乃逸^3，则知小人之依^4。相小人^5，厥父母勤劳稼穑，厥子乃不知稼穑之艰难，乃逸乃谚^6。既诞^7，否则侮厥父母曰^8：'昔之人无闻知^9。'"

[注释]

1 君子：指官长。所：居官。郑玄云："君子，止谓在官长者。所，犹'处'也。君子处位为政，其无自逸豫也。"

2 其：副词，表祈使。下文"嗣王其监于兹"之"其"同。逸：逸乐。

3 乃：而，而后。

4 小人：民众。与上句"君子"相对。依：《经义述闻》："依，隐也。谓知小人之隐也。《周语》'勤恤民隐'，韦注曰：'隐，痛也。'小人之隐，即上文'稼穑之艰难'，下文所谓'小人之劳'也。云隐者，犹今人言苦衷也。"

5　相：看。

6　乃：就。谚：《汉石经》作"宪"。宪，通"欣"，欣乐，《诗经·大雅·板》："天之方难，无然宪宪。"毛亨传："宪宪犹欣欣。"

7　诞：《汉石经》作"延"，《尔雅·释诂》："延，长也。"

8　否则：《经传释词》："《汉石经》'否'作'不'，不则，犹于是也。"

9　昔之人：老人。

[译文]

周公说："啊！君子在位，可不要安逸享乐。先了解耕种收获的艰难，然后处在逸乐的境地，就会知道民众的痛苦。看那些民众，他们的父母勤劳地耕种收获，他们的儿子却不知道耕种收获的艰难，便安逸，便享乐。已经久了，于是就轻视侮慢他们的父母说：'老人们没有知识。'"

以上第一段，说明君主要做到无逸，先要了解稼穑的艰难。

周公曰："呜呼！我闻曰：昔在殷王中宗[1]，严恭寅畏[2]，天命自度[3]，治民祗惧[4]，不敢荒宁[5]。肆中宗之享国七十有五年[6]。

"其在高宗，时旧劳于外[7]，爰暨小人[8]。作其即位[9]，乃或亮阴[10]，三年不言[11]。其惟不言，言乃雍[12]。不敢荒宁，嘉靖殷邦[13]。至于小大[14]，无时或怨[15]。肆高宗之享国五十有九年。

[注释]

1　昔在：从前。参见《洪范》"我闻在昔"。中宗：一说是太戊，殷之第五世贤主。详见王国维《观堂集林·殷卜辞中所见先公先王续考》。一说是祖乙，殷之第七世贤主。

2　严：庄正。严恭，指外貌庄敬。寅：敬。寅畏，指内心敬畏。说见《尚书集注音疏》。

3　度：法制。引申为限制。天命自度，以天命制约自己。一说"自度治民"连读，"度"本作"亳"，形讹为"宅"，"宅""度"古通用，遂作"度"。自亳治民，谓从亳都治理民众。存参。

4　祗惧：敬畏。

5　荒宁：荒废自安。

6　肆：所以。享国：指在帝位。下文高宗、祖甲、文王"享国"义同。

7　高宗：武丁，殷代第十一世贤主。时：是，这人。旧：久。《尚书今古文注疏》引郑玄曰："旧，犹久也。"下文"旧为小人"之就与此同。马融云："武丁为太子时，其父小乙使行役，有所劳苦于外。"

8　爰：于是。悫：通"恶"，惠爱。《说文·心部》："恶，惠也。"

9　作：等到。《经传释词》："作，犹'及'也。"

10　或：又。亮阴：听信不言。马融云："亮，信也。阴，默也。为听于冢宰，信默而不言。"

11　不言：不言政事。详《东莱书说》第二十五卷。

12　雍：和。

13　嘉：善。见《尔雅·释诂》。靖：和。

14　小大：民众和大臣。

15　时：此人，指高宗。或：有。无时或怨，无有怨之。

[译文]

周公说："啊！我听说：过去殷王中宗，庄正敬畏，以天命约束自己，治理百姓，敬慎恐惧，不敢荒废、安逸。所以中宗在位七十五年。

"在高宗，这个人长期在外服役，惠爱民众。等到他即位，便又听信冢宰沉默不言，三年不轻易说话。他不说话则已，一旦说话就能和顺合理。他不敢荒废、安逸，善于安定殷国。从民众到群臣，没有怨恨他的。所以高宗在位五十九年。

"其在祖甲[1]，不义惟王，旧为小人[2]。作其即位，爰知小人之依，能保惠于庶民，不敢侮鳏寡。肆祖甲之享国三十有三年。

"自时厥后[3]，立王生则逸[4]，生则逸，不知稼穑之艰难，不闻小人之劳，惟耽乐之从[5]。自时厥后，亦罔或克寿。或十年，或七八年，或五六年，或四三年[6]。"

[注释]

1　祖甲：武丁的儿子帝甲。殷代第十二世贤主。

2　惟：为。旧：久。马融云："祖甲有兄祖庚，而祖甲贤，武丁欲立之。祖甲以王废长立少不义，逃亡民间。故曰'不义惟王，久为小人'也。"

3　厥：《经传释词》："犹'之'也。"

4　立：通"位"。见《周礼·春官·小宗伯》郑注。

5　耽：《孔传》："过乐谓之耽。"从：追求。《诗经·齐风·还》："并驱从两肩兮。"毛传："从，逐也。"

6　或四三年：《中论·夭寿》引作"或三四年"。《孔传》："高者十年，下者三年，言逸乐之损寿。"

[译文]

"在祖甲，他以为代兄称王不合情理，逃亡民间，做过很久的平民百姓。等到他即位后，就知道民众的痛苦，能够安定和爱护众民，对于鳏寡无依的人也不敢轻慢。所以祖甲在位三十三年。

"从这以后，在位的殷王生来就安闲逸乐，生来就安闲逸乐，不知耕种收获的艰难，不知民众的劳苦，只是追求过度的逸乐。从这以后，在位的殷王也没有能够长寿的。有的十年，有的七八年，有的五六年，有的三四年。"

周公曰："呜呼！厥亦惟我周太王、王季，克自抑畏[1]。文王卑服[2]，即康功田功[3]。徽柔懿恭[4]，怀保小民[5]，惠鲜鳏寡[6]。自朝至于日中昃[7]，不遑暇食[8]，用咸和万民[9]。文王不敢盘于游田[10]，以庶邦惟正之供[11]。文王受命惟中身[12]，厥享国五十年。"

[注释]

1 抑：谦下。畏：敬畏。

2 服：事。卑服，任卑下的事。于省吾据盂鼎"女妹辰有大服"及趞尊"王乎内史册令趞更乒（厥）祖考服"认为

"服"当训为事，"文王卑服"即"文王卑其服事"。

3　即：就，从事。康功田功：章太炎云："康，《释言》五达谓之康，字亦作庚，《诗》有由庚，《春秋传》有夷庚，以为道路大名。康功者，谓平易道路之事；田功者，谓服田力穑之事。"

4　徽：和。懿：美。共：通"恭"，恭敬。

5　怀保：和睦安定。

6　鲜：善。见《尔雅·释诂》。

7　昃：一作仄，日西斜。

8　遑暇："遑"也是"暇"，二字同义。

9　用：目的连词，相当于"以"。咸：通"諴"，和。俞樾说。

10　盘：通"般"。《尔雅·释诂》："般，乐也。"游：游乐。田：通"畋"，打猎。

11　以：使。正：通"征"，税。见《尚书正读》。供：进献。《广雅·释诂》："供，进也。"

12　中身：中年。

[译文]

周公说："啊！只有我们周家的太王、王季能够谦逊敬畏。文王做卑下的工作，从事过开通道路、耕种田地的劳役。他和蔼、仁慈、善良、恭敬，使百姓和睦、安定，爱护亲善孤苦无依的人。从早晨到中午，到下午，他没有闲暇吃饭，要使万民生活和谐。文王不敢乐于嬉游、田猎，不敢使众国只是进献赋税，供他享乐。文王中年受命为君，在位五十年。"

以上第二段，引用历史事实，从正反两方面论证无逸的重要性。

周公曰："呜呼！继自今嗣王[1]，则其无淫于观、于逸、于游、于田[2]，以万民惟正之供。无皇曰[3]：'今日耽乐。'乃非民攸训，非天攸若，时人丕则有愆。无若殷王受之迷乱，酗于酒德哉！[4]"

周公曰："呜呼！我闻曰：'古之人犹胥训告，胥保惠，胥教诲，民无或胥诪张为幻[5]。'此厥不听[6]，人乃训之，乃变乱先王之正刑[7]，至于小大[8]。民否则厥心违[9]，否则厥口诅祝[10]。"

[**注释**]

1 继自今：从今以后。

2 淫：过度。

3 皇：通"偟"，暇。这里指宽解。《尔雅·释诂》："偟，暇也。"

4 酗：醉酒发怒。于：为。见《经传释词》。

5 诪zhōu：欺诳。《尔雅·释训》作"侜"，云"侜张，诳也"。郭璞注曰："《书》曰：无或侜张为幻。"幻：诈惑。《孔传》："幻，惑也。"

6 听：依从。

7 正刑：政策法令。

8 小大：指小法大法。

9 否则：同"丕则"，于是。违：怨恨。见王引之《经义述闻》。

10 诅祝：诅咒。

[译文]

周公说："啊！从今以后的继位君王，就不可沉迷在观赏、安逸、嬉游和田猎之中，不可只是使民众进献赋税供他享乐。不要自我宽解说：'只是今天快乐快乐。'这样子，就不是民众所赞成的，也不是上天所喜爱的，这样的人就有罪过了。不要像商纣王那样迷惑昏乱，把酗酒作为酒德啊！"

周公说："啊！我听说：'古时的人还能互相劝导，互相爱护，互相教诲，所以民众没有互相欺骗、互相诈惑的。'不依照这样，官员就会顺从自己的意愿，就会变乱先王的正法，以至于大大小小的法令。民众于是就内心怨恨，就口头诅咒了。"

周公曰："呜呼! 自殷王中宗及高宗及祖甲及我周文王，兹四人迪哲[1]。厥或告之曰[2]：'小人怨汝詈汝[3]。'则皇自敬德[4]。厥愆[5]，曰：'朕之愆允若时[6]。'不啻不敢含怒[7]。此厥不听，人乃或诪张为幻，曰小人怨汝詈汝，则信之，则若时：不永念厥辟[8]，不宽绰厥心[9]，乱罚无罪，杀无辜。怨有同[10]，是丛于厥身[11]!"

周公曰："呜呼! 嗣王其监于兹[12]!"

[注释]

1 迪：《尔雅·释诂》："道也。""道"通"导"。

2 或：有人。

3 詈lì：骂。

4 皇：更加。《熹平石经》作"兄"。《国语》注："兄，益也。"

5 厥愆：是"厥或愆之"的省文。愆，指责过失。

6 允：确实。时：这样。

7 不啻：不但。郑玄说："不但不敢含怒，乃欲屡闻之，以知己政得失之源也。"

8 辟：法。

9 绰：宽，放宽。

10 有：通"尤"。怨有，即怨尤。同：会合。

11 丛：《说文·丵部》："聚也。"

12　嗣：继承。嗣王，指成王。监：通"鉴"，鉴戒。

[译文]

周公说："啊！从殷王中宗到高宗，到祖甲，再到我们的周文王，这四位君王领导得明智。有人告诉他们说：'民众在怨恨你咒骂你。'他们就更加敬慎自己的行为；有人举出他们的过错，他们就说：'我的过错确实如此。'而不仅仅是不敢怀怒。不依照这样，人们就会互相欺骗、互相诈惑。有人说民众在怨恨你咒骂你，你就会相信，就会像这样：不多考虑国家的法度，不放宽自己的心怀，乱罚没有罪过的人，乱杀没有罪过的人。民怨汇合，就会集中到你的身上啊！"

周公说："啊！继王要鉴戒这些啊！"

以上第三段，说明君主要勤政爱民，严于责己，虚心纳谏，宽大为怀。

君奭

君，古时对人的尊称。奭，召公名。有学者认为《君奭》或为周公写给召公的信，皆周公之言。因开篇周公引召公的话作为全文的立论，故名《君奭》。

《君奭》对于研究我国上古思想史有重要的参考价值。

周人的"天命"观比殷商有所发展，周人谈论"天命"，强调"德"的作用，注重"德"与"天命"互为因果。然而随着商周文化的深度融合，从前那种绝对的天命观念重新泛滥，周的王室子孙也受到影响。召公认为这种思想严重妨碍周王朝发展，甚至会危及国家命运，因此他明确提出："天不可信。"周公赞同召公的意见，也主张事在人为。二公都主张信天命不如尽人事，是人类认识史上的伟大进步，在天命思想泛滥的远古时代，实在难能可贵。我们今天提倡的"人定胜天"思想是"天不可信"、"惟人"思想的合理延伸。我们应该重视《君奭》在中国古代思想史上重要的学术价值和文献价值。

《君奭》对于研究我国上古政治史、文化史也有重要的参考价值。

《君奭》的主要内容是论证辅臣的重要作用。周公认为商代的圣王之所以成为圣王是因为得到贤臣辅佐。周文王、周武王也因得到贤臣辅佐。才能够"纯佑秉德，迪知天威"，"咸刘厥敌"，"惟时受有殷命"。周公情真意切地勉励召公共辅成王，同心同德，同舟共济。

值得注意的是，伊尹、保衡、伊陟、臣扈、甘盘这些殷贤臣能够"格于皇天""格于上帝"，说明他们既为辅政大臣，又担任神职工作。陈梦家《殷虚卜辞综述》指出："殷代的社会，王与巫史既操政治的大权，又兼为占卜的主持者。"《仲虺之诰》篇中的仲虺，也可能是一位大巫。晁福林《商代的巫与巫术》经过考证，认为商代巫师所戴驱鬼的面具称为"终葵"，商代以驱鬼而著称的氏族亦名"终葵"。仲虺应当就是终葵氏的酋长。"终葵"本指驱鬼面具，而其古音与"钟馗"相同，所以两者之间可能存在联系。

周公和召公齐心协力，辅佐成王，巩固了西周王朝的统治。倚重老臣，兴国用贤，一直是历代明君圣主的治国要略。人才是中华民族伟大复兴的根本。我们今天强调尊重人才，重视人才，是对历史经验的正确总结。

《君奭》对于研究西周史也有重要的参考价值。西周初年，统治阶级内部存在尖锐复杂的矛盾。矛盾的焦点集于周公一人，既有与管叔、蔡叔、霍叔的矛盾，又有与成王的矛盾，还有与召公的矛盾。周公辅佐成王，忠于王室，殚精竭虑，任劳任怨，成为民族几千年的精神坐标，然而其时究其生命个体而言是孤独和艰难的。宋仁宗嘉祐二年（1057年）苏轼进士及第，作《上梅直讲书》致翰林院直讲梅尧臣，表示自己对主考官欧阳修、参评官梅尧臣的感激之情，抒发了"士遇知己之乐"，也发出即使像周公这样的圣贤也会有困厄不遇的感叹。"轼每读《诗》至《鸱鸮》，读《书》至《君奭》，常窃悲周公之不遇。""乃今知周公之富贵，有不如夫子之贫贱。夫以召公之贤，以管、蔡之亲，而不知其心，则周公谁与乐其富贵？"然而，在错综复杂的政治斗争中争取重要的政治盟友，成为历代政治家经常运用的政治智慧。周公劝勉召公的语用技巧，也成为历代谏劝辩说文体的典则。

周公若曰："君奭！弗吊天降丧于殷[1]，殷既坠厥命[2]，我有周既受。我不敢知曰：厥基永孚于休[3]。若天棐忱[4]，我亦不敢知曰：其终出于不祥。

"呜呼！君已曰[5]：'时我[6]，我亦不敢宁于上帝命，弗永远念天威越我民[7]；罔尤违[8]，惟人。在我后嗣子孙[9]，大弗克恭上下[10]，遏佚前人光在家[11]，不知天命不易，天难谌[12]，乃其坠命，弗克经历[13]。嗣前人，恭明德，在今。'

"予小子旦非克有正，迪惟前人光施于我冲子[14]。又曰[15]：'天不可信。'我道惟宁王德延[16]，天不庸释于文王受命[17]。"

[**注释**]

1 吊：善。弗吊天，指纣王不善于天。

2 坠：丧失。厥：其，那（王业）。

3 基：开始。孚：通"保"。《说文·爪部》："采，古文孚，从禾。禾，古文保（保）。"

4 棐：辅佐。忱：诚信。棐忱，谓以诚信者为辅助。

5 君：指召公。已：时间副词，过去。

6 时：通"恃"，依靠。

7 越：与。

8 尤：过失。违：违误。

9 在：《尔雅·释诂》："察也。"

10 上下：这里指上天和下民。

11 遏：止，抑止。佚：通"失"，消失。光：光美，光辉。前人光，指文王、武王圣德的光辉。

12 谌chén：《尔雅·释诂》："信也。"

13 经：常，长久。历：《小尔雅·广诂》："久也。"

14 迪：句首语气助词。施：延。冲子：童子，指后辈。

15 又曰：召公又说。《墨子·非命中》引"天不可信"为召公的话。

16 道：当从《汉石经》作"迪"，语气助词。宁王：文王。参见《大诰》："用宁王遗我大宝龟"。

17 庸释：舍弃。王国维云："'庸释'连文，言舍去也。"

[译文]

周公这样说："君奭！商纣王不敬重上天，上天给殷国降下了大祸，殷国已经丧失了福命，我们周国已经接受了。我不敢认为王业开始的时候，会长期保持休美。顺从上天，任用诚信的人为辅佐，我也不敢认为王业的结局会出现不吉祥。

"啊！您曾经说过：'依靠我们自己，我们不敢安于上帝的福命，不去永远顾念上天的威严和我们的民众；没有过错和违失，只在人。考察我们的后代子孙，远远不能够恭顺上天和下民，把前人的光辉限制在我们国家之内，不知道天

命难得，上帝难信，就会失去天命，不能长久。继承前人，奉行明德，就在今天。'

"您的看法，我小子姬旦不能有什么改正，我想把前人的光辉传给我们的后代。您还说过：'上天不可信赖。'我只想把文王的美德加以推广，上天将不会废弃文王所接受的福命。"

以上第一段，周公强调事在人为，赞同召公非命之说。

公曰："君奭！我闻在昔成汤既受命，时则有若伊尹[1]，格于皇天[2]。在太甲[3]，时则有若保衡[4]。在太戊[5]，时则有若伊陟、臣扈[6]，格于上帝；巫咸乂王家[7]。在祖乙[8]，时则有若巫贤[9]。在武丁[10]，时则有若甘盘[11]。

[注释]

1 时：当时。若：其，那。《经传释词》引王念孙说："若，犹'其'也。"伊尹：成汤的大臣。

2 格：至，到达。引申指感通。《字汇》："格，感通也。"

3 太甲：成汤的孙。

4 保衡：伊尹。伊尹名衡，任太保之官，所以叫保衡。

5 太戊：太甲之孙。

6 伊陟、臣扈：都是太戊的贤臣。

7　巫咸：太戊的大臣。乂：治理。

8　祖乙：名滕，殷商第七世贤王。太戊之孙。

9　巫贤：祖乙的贤臣。

10　武丁：殷高宗。盘庚之侄。

11　甘盘：武丁的贤臣。

[译文]

　　周公说："君奭！我听说从前成汤既已接受天命，当时就有那个伊尹，感通上天。在太甲，当时就有那个保衡。在太戊，当时就有那个伊陟和臣扈，感通上天，又有巫咸治理王国。在祖乙，当时就有那个巫贤。在武丁，当时就有这个甘盘。

　　"率惟兹有陈[1]，保乂有殷，故殷礼陟配天[2]，多历年所[3]。天惟纯佑命[4]，则商实百姓王人[5]，罔不秉德明恤，小臣屏侯甸[6]，矧咸奔走[7]。惟兹惟德称[8]，用乂厥辟[9]，故一人有事于四方，若卜筮罔不是孚[10]。"

[注释]

　　1　率：句首语气助词。惟：以，凭借。陈：《汉书·哀帝纪》注："道也。"有道，有道之臣。

　　2　殷礼陟配天：《尚书平议》："谓殷人之礼死则配天

而称帝也。《竹书纪年》凡帝王之终皆曰陟，此经陟字，义
与彼同。"

3　所：语气助词，无义。见《经传释词》。

4　纯：专一。佑：帮助。纯佑，良佐，贤臣。金文多作
"屯右"。命：告，教。

5　实：本当置于下句"罔不"的前面，为了强调，所以
提前了。谓商百姓王人实罔不秉德明慎。百姓：指异姓官
员。王人：指同姓官员。恤：谨慎。

6　屏：并，魏《三体石经》古文作"并"。侯甸：侯
服、甸服的官员。

7　矧：也。《词诠》："副词，亦也。"奔走：指
效劳。

8　兹：指上述群臣。称：举。惟德称，举出贤德者。

9　用：目的连词，相当于"以"。乂：通"艾"，辅
助。《尔雅·释诂》："艾，相也。"厥：其，他们的。
辟：君王。

10　一人：指国君。孚：信。

[译文]

"凭借这些有道的人，安定治理殷国，所以殷人的制
度，君王死后，他们的神灵都配天称帝，经历了许多年。上
天以贤良之臣教导下民，于是，殷商异姓和同姓的官员们，

确实没有人不保持美德，懂得谨慎，君王的小臣和诸侯的官员，也都奔走效劳。这些官员推举贤德，辅助他们的君王，所以君王对四方施政，如同卜筮一样，没有人不相信。"

公曰："君奭！天寿平格¹，保乂有殷，有殷嗣²，天灭威³。今汝永念，则有固命⁴，厥乱明我新造邦⁵。"

[注释]

1 寿：当作"受"，授予的意思。《文选·潘元茂册魏公文》注引"寿"作"受"。平格：平康，中正和平。见《尚书易解》。这里指平康正直的官员。

2 有殷嗣：殷继承夏。

3 灭：《尔雅·释诂》："绝也。"威：罚。天灭威，谓上天不用威罚。

4 固命：定命。

5 厥：句首语气助词。乱：治理。明：光大。

[译文]

周公说："君奭！上天赐给中正和平的官员，安治殷国，于是殷商继承着了夏朝的王业，上天也不降给惩罚。现在您深长地考虑这些，就能把握定命，将治好我们这个新建立的国家。"

以上第二段，周公广泛征引史事，说明辅臣的重要作用。

公曰："君奭！在昔上帝割申劝宁王之德[1]，其集大命于厥躬[2]？惟文王尚克修和我有夏[3]；亦惟有若虢叔，有若闳夭，有若散宜生，有若泰颠，有若南宫括[4]。

"又曰[5]：无能往来[6]，兹迪彝教[7]，文王蔑德降于国人[8]。亦惟纯佑秉德，迪知天威，乃惟时昭文王迪见冒[9]，闻于上帝，惟时受有殷命哉！

[注释]

1 割：通"曷"。为什么。申：重复。劝：劝勉。

2 集：下，降下。见《淮南子·说山训》注。

3 惟：因为。尚：通"常"。修：治理。和：和协。有夏：中国。

4 虢叔、闳夭、散宜生、泰颠、南宫括：都是文王时的贤臣。

5 又：通"有"。又曰，有曰，有人说。这里是引别人的话论证。

6 往来：奔走出力。

7 兹：通"孜"，勉力。曾运乾说。彝：常。

8 蔑：《小尔雅·广诂》："无也。"

9　时：是，这些人。昭：通"诏"，帮助。迪见：即"诞"的分音。诞，大。冒：马融本作"勖"，勉力，努力。

[译文]

周公说："君奭！过去上帝为什么一再嘉勉文王的品德，降下大命在他身上呢？因为文王常常能够治理、和谐我们中国，也因为有那个虢叔，有那个闳夭，有那个散宜生，有那个泰颠，有那个南宫括。

"有人说：这些贤臣不能奔走效劳，努力施行常教，文王也就没有恩德降给国人了。也因为这些贤臣保持美德，了解上天的威严，因为这些人辅助文王十分努力，进而被上帝知道了，因此，文王才承受了殷国的大命啊。

"武王惟兹四人尚迪有禄[1]。后暨武王诞将天威[2]，咸刘厥敌[3]。惟兹四人昭武王惟冒[4]，丕单称德[5]。

"今在予小子旦，若游大川，予往暨汝奭其济[6]。小子同未在位[7]，诞无我责收[8]，罔勖不及[9]。耇造德不降我则[10]，鸣鸟不闻[11]，矧曰其有能格[12]？"

公曰："呜呼！君肆其监于兹[13]！我受命无疆惟休，亦大惟艰。告君[14]，乃猷裕我[15]，不以后人迷[16]。"

［注释］

1　四人：郑玄说："武王时，虢叔等有死者，余四人也。"迪：通"犹"，还。尚迪，复音关联副词，还。《古书虚字集释》："犹，'尚'也；字又或作'迪'。"有禄：活着。古代称死为无禄，生为有禄。

2　暨：与，和。诞：大。将：奉行。

3　咸：灭绝。刘：杀。

4　冒：通"勖"，勉力。

5　丕：句首语气助词。单：通"殚"，尽。朱骏声《说文通训定声》："假借为'殚'。"

6　其：或许。济：渡水。

7　小子：周公谦称。同未：即"恫昧"，无知。

8　诞：句首语气助词。收：通"纠"，纠正。见《尚书易解》。

9　不及：力所不及的事。

10　造：成。见《诗经·周颂·闵予小子》"遭家不造"郑笺："造，犹成也。"耇造德：老成有德，指召公。则：法则。

11　鸣鸟：马融："鸣鸟，谓凤皇也。"周人以鸣凤为国运兴盛之象。

12　矧：何况。其：时间副词，将。格：感通。

13　肆：今。其：语气副词，表示祈使（劝告、希望或命令）语气。监：看。兹：这，代指下句。

14　告：《尔雅·释言》："请也。"

15　猷裕：教导。《方言》："裕、猷，道也。"

16　以：使。见《战国策·秦策》高诱注。

[译文]

"武王的时候，文王的贤臣只有四人还活着。后来，他们和武王奉行上天的惩罚，完全消灭了他们的敌人。也因为这四人辅助武王很努力，于是天下普遍赞美武王的恩德。

"现在我小子姬旦好像游于大河，我和您奭一起前往或许能够渡过。我愚昧少知却居于大位，您不督责、纠正我，就没有人能够努力指出我的不足了。您这年高有德的人不指示治国的法则，就连凤凰的鸣声都会听不到，何况说将又能被上天嘉许呢？"

周公说："啊！您现在应该看到这一点！我们接受的大命，有无限的喜庆，也有无穷的艰难。请求您，赶快教导我，不要使后人迷惑呀！"

以上第三段，周公希望召公同心同德辅助成王。

公曰："前人敷乃心[1]，乃悉命汝，作汝民极[2]。曰：'汝明勖偶王[3]，在亶[4]。乘兹大命[5]，惟文王德丕承，无疆之恤[6]！'"

[注释]

1 前人：指武王。敷：布，表明。乃：其。

2 极：标准，表率。

3 明、勖：都是努力的意思。偶：通"耦"，辅助。《广雅》："耦，侑也。"孙星衍说。

4 亶：诚心。明勖偶王，在亶，句式犹《舜典》"敬敷五教，在宽"。

5 乘：通"承"，受，接受。

6 恤：忧患。

[译文]

周公说："武王表明他的心意，详尽地告诉了您，要您做民众的表率。武王说：'您努力辅助成王，在于诚心竭力。承受这个大命，唯有继承文王之德业，还会有无穷无尽需要担忧的事啊！'"

公曰："君！告汝，朕允保奭¹。其汝克敬以予监于殷丧大否²，肆念我天威³。予不允惟若兹诰⁴，予惟曰：'襄我二人，汝有合哉⁵？'言曰：'在时二人。'天休滋至⁶，惟时二人弗戡⁷。其汝克敬德，明我俊民⁸，在让后人于丕时⁹。

"呜呼！笃棐时二人，我式克至于今日休¹⁰？我咸成文王功于[11]！不怠丕冒[12]，海隅出日[13]，罔不率俾[14]。"

[注释]

1 允：信任。保：太保，召公担任太保的官。又，于省吾认为"允"字乃"兄"字之讹，"朕允保奭"即"朕兄保奭"，存参。

2 敬：认真地，敬重地。以：与。否 pǐ：困穷，苦难。王先谦云："《易》天地交为泰，天地不交而万物不通为否。殷之末世，天地闭塞，是大否也。"大否，谓祸乱。

3 肆：长久。《诗经·大雅·崧高》："其风肆好。"毛亨传："肆，长也。"威：罚。

4 允：语气助词，无义。不允惟，不只，不但。

5 襄：除，见《尔雅·释言》。合：合志。

6 滋：《说文·水部》："益也。"

7 戡：通"堪"，胜，胜任。《尔雅·释诂》："堪，胜也。"

8 明：显，显用，选拔。

9 在：《尔雅·释诂》："终也。"让：完成。《尚书释义》："让，读为'襄'，成也。"时：善。言在襄成后人使至于善也。

10 笃：信。棐：非。《汉书·燕刺王旦传》颜师古

注："扉，古匪字。"时：是，这。时二人，周公称自己与召公。式：句中语气助词，无义。

11　咸：共同。于：乎。《吕氏春秋·审应》："然则先生圣于？"高诱注："于，乎也。"

12　冒：勉力。

13　海隅：海边。海隅出日，海边出日，指荒远的地方。

14　俾：《尔雅·释诂》："从也。"

[译文]

周公说："君奭！请求您，我所深信的太保奭。希望您能敬慎地和我一起看到殷国丧亡的大祸，长久使我们不忘上天的惩罚。我不但这样告诉你，我还想道：'除了我们二人，您有志同道合的人吗？'您会说：'就在于我们这两个人。'上天赐予的休美越来越多，仅仅是我们两人不能胜任了。希望您能够敬重贤德，提拔杰出的人才，最终襄助我们后人臻于善境。

"啊！假若真的不是我们这两个人，我们能够达到今天的休美境地吗？我们共同来成就文王的功业吧！不懈怠地加倍努力，要使那海边日出的地方，没有人不顺从我们。"

公曰："君！予不惠若兹多诰¹，予惟用闵于天越民²。"

公曰："呜呼！君！惟乃知民德亦罔不能厥初³，惟其终。祗若兹⁴，往敬用治⁵！"

[注释]

1　惠：通"惟"，想。《酒诰》："予不惟若兹多诰。"《汉石经》"惟"作"惠"。

2　闵：忧虑。越：与，和。

3　德：行为。能：善。

4　若：善，见《尔雅·释诂》。兹：此。指文王的功业。

5　往：勤劳。《广雅·释诂》："往，劳也。"用：以。"往敬用治"即"劳敬以治"之意。

[译文]

周公说："君奭啊！我不想这样多多劝告了，我们要忧虑天命和民心。"

周公说："啊！君奭！您知道民众的行为，没有不善始的，要善其终啊！我们要干好这件大事业，我们要勤劳恭敬地治理啊！"

以上第四段，周公勉励召公共同完成文王的功业。

蔡仲之命

　　蔡仲，名胡，蔡叔的儿子。蔡叔是周公胞弟。周公东征，平定三监叛乱，杀了管叔，囚禁蔡叔，直至病卒。蔡仲"克庸祗德"，周公建议成王册封其为蔡国国君。史官记叙这件事，写成《蔡仲之命》。

　　《蔡仲之命》是阐释儒家伦理理性的滥觞。周成王劝导蔡仲："尔尚盖前人之愆，惟忠惟孝。"大理学家朱熹曾用"盖前人之愆"解释禹在父鲧被诛后继任治水是为了掩盖弥补前人的过错。"大义灭亲"与"亲亲相隐"是儒家设立的两个伦理命题，看似抵牾，实则互为补充。《论语·子路》："叶公语孔子曰：'吾党有直躬者，其父攘羊，而子证之。'孔子曰：'吾党之直者异于是：父为子隐，子为父隐，直在其中矣。'""隐谓不称扬其过失也"。"隐"还有

"微谏"之义，谕父母于道，促其改过。"亲亲相隐"的主张在相当长的历史时期内得到广泛认同。中国传统的法系以人性人情为基础，"王道本乎人情"，人情即礼教提倡的"亲亲也，尊尊也，长长也"，这是自然赋予人类的永恒属性，人情并非私情，人情本乎天道。

中国古代的政治模式是"家国同构"，以血缘关系为基础的家庭和家族一直是中国社会的基本组织。法贯通于各层社会组织单位，法缘乎人情。"亲亲相隐"利于维护"亲亲"的社会结构和社会风尚，从而利于社会安定，所以在历史上往往得到统治者的支持，甚至写入律法。秦法一贯被认为残暴苛酷，但云梦睡虎地秦简《秦律》明确规定告发父母罪过不但得不到官府受理，反而告发者自身要被判罪。汉代董仲舒从《春秋》公羊学中发掘父子相隐，并推广到养父子相隐，至宣帝时代，容隐的道德正当性最终得到承认。《公羊传·闵公元年》何休注引《汉律》："亲亲得相首匿"。而《唐律》甚至规定："诸同居，若大功以上亲及外祖父母、外孙，若孙之妇、夫之兄弟及兄弟妻，有罪相为隐；部曲、奴婢为主隐，皆勿论；即漏露其事及擿语消息亦不坐。"《唐律》的这一规定在宋、明、清时期一直被沿用。相比之下，"大义灭亲"虽然也被儒家赞美，但是往往只在上层统治者中提倡，对普通民众不具备普遍的法律约束力。

《蔡仲之命》提出"慎厥初，惟厥终"，就是不仅要谨慎对待事物的开初，还要考虑事物的终局。正因为事物的开端决定事物发展走向，所以凡事开头必须谨慎，但坚持更为重要。这是祖先留给我们的思想智慧，具有重要的认识论和方法论价值。

　　惟周公位冢宰[1]，正百工[2]，群叔流言。乃致辟管叔于商[3]；囚蔡叔于郭邻[4]，以车七乘；降霍叔于庶人[5]，三年不齿[6]。蔡仲克庸祗德，周公以为卿士。叔卒，乃命诸王邦之蔡[7]。

　　[注释]

　　1 冢宰：周代官名，也叫大宰，是百官之首。马融："冢，大也，宰，治也。大治者，兼万事之名也。"

　　2 正：官长，统帅。这里用作动词统率。

　　3 致辟：行法，这里指杀戮。《书集传》："致辟云者，诛戮之也。"

　　4 郭邻：地名。《孔传》："中国之外地名。"

　　5 于：为。《仪礼·士冠礼》"宜之于假"郑玄注："于，犹为也。"降霍叔于庶人，《孔疏》："若今除名为民。"

　　6 齿：录用。三年不齿，《孔传》："三年之后乃齿录。"

　　7 诸：之于。邦：通"封"。

[译文]

　　周公担任大宰、统率百官的时候，几个弟弟散布流言中伤他。周公于是在商地杀了管叔；囚禁了蔡叔，用车七辆把他送到郭邻；把霍叔降为庶人，三年不许录用。蔡仲平时能够重视德行，周公任用他为卿士。蔡叔死后，周公便建议成王封蔡仲于蔡国。

　　以上第一段，交代册命蔡仲为蔡国国君的背景。

　　王若曰："小子胡¹！惟尔率德改行²，克慎厥猷³，肆予命尔侯于东土⁴，往即乃封，敬哉！

　　尔尚盖前人之愆⁵，惟忠惟孝。尔乃迈迹自身⁶，克勤无怠，以垂宪乃后⁷。率乃祖文王之彝训⁸，无若尔考之违王命！

[注释]

　　1 胡：蔡仲的名。

　　2 率：遵循。率德改行，《孔传》："言汝循祖之德，改父之行。"

　　3 猷：道。见《诗经·小雅·巧言》"秩秩大猷"郑玄笺。

　　4 侯：诸侯。这里是"做诸侯"的意思。东土：蔡国在周都镐京的东方，所以称东土。

　　5 盖：掩盖。昌祖谦："子之新善着，则父之旧愆庶乎其掩矣。"前人：指蔡叔。愆：罪过。

6 乃：其。见《经传释词》。迈迹：迈步前进。自：从。身：自己。

7 垂：流传。宪：法。

8 彝：常。

[译文]

成王这样说："年轻的姬胡！你遵循祖先的美德，改变你父亲的行为，能够谨守臣子之道，所以我任命你到东土去做诸侯。你前往你的封地，要敬慎呀！

你当掩盖前人的罪过，思忠思孝。你要使自身迈步前进，能够勤劳不怠，从而给你的后代留下榜样。你要遵循你祖父文王的常训，不要像你的父亲那样违背天命！

以上第二段，成王勉励蔡仲继续遵循祖德，忠守臣道，勤劳王事。

"皇天无亲，惟德是辅[1]；民心无常[2]，惟惠之怀[3]。为善不同，同归于治；为恶不同，同归于乱。尔其戒哉！

"慎厥初，惟厥终，终以不困；不惟厥终，终以困穷[4]。懋乃攸绩[5]，睦乃四邻，以蕃王室[6]，以和兄弟，康济小民[7]，率自中[8]，无作聪明乱旧章；详乃视听[9]，罔以侧言改厥度[10]。则予一人汝嘉[11]。"

[注释]

1 惟德是辅：惟辅德。宾语前置。

2 常：指常主。《孔传》："民心于上，无有常主，惟爱己者则归之。"

3 惠：惠爱。怀：归向。之：结构助词。惟惠之怀，惟怀惠。宾语前置。

4 困穷：指境遇艰难窘迫。

5 懋：勉。攸：所。绩：行。

6 蕃：通"藩"，屏障，保卫。

7 康：安。济：成。康济小民，使小民安居乐业。《孔传》："汝为政当安小民之居，成小民之业。

8 率：依循，遵循。自：用。见《皋陶谟》"自我五礼有庸哉"孔安国传。中：中道，不偏不倚的正道。

9 详：审察。视听：见闻。泛指对事物的感受、印象和看法。

10 侧言：片面的话。《书集传》："侧言，一偏之言也。"度：法度。

11 嘉：嘉惠。汝嘉，就是嘉汝。

[译文]

"皇天无亲无疏，只辅助有德的人；民心没有常主，只是怀念仁爱之主。做善事虽然各不相同，都会达到安治；做恶事虽然各不相同，都会走向动乱。你要警戒呀！

"谨慎对待事物的开初，也要考虑它的终局，终局因此不会困窘；不考虑它的终局，终将困穷。勉力做你所行的事，和睦你的四邻，以保卫周王室，以和谐兄弟之邦，而使民众安居成业。要循用中道，不要自作聪明扰乱先王的成法。要审慎你的视听，不要因片面之言改变法度。这样，我就会赞美你。"

以上第三段，是成王劝勉蔡仲施行德政，遵守中道。

王曰："呜呼！小子胡。汝往哉！无荒弃朕命[1]！"

[注释]

1 荒弃：废弃。《孔传》："无废弃我命。"

[译文]

成王说："啊！年轻的姬胡。你去吧！不要废弃我的教导！"

以上第四段，成王告诫蔡仲奉行诰命。

多 方

方，就是国。多方，就是众国。

周公归政成王后的第二年，淮夷和奄国又发动叛乱。周成王亲自率师出征。召公为保，周公为师，讨伐淮夷，灭了奄国。五月，周成王自奄返回镐京，各国诸侯都来朝见，周公代替成王训话。《多方》就是周公代表成王告诫众诸侯国君臣的诰辞。蔡沈《书集传》认为："《多方》所诰，不止殷人，乃及四方之士，是纷纷焉不心服者，非独殷人也。"因此篇名叫《多方》。

《多方》突出显示了周人天命观念在克商后的实用价值。周人的天命观在未克殷以前就已形成，当时是为了统摄西方诸部族的信仰，加固西方诸国的内在精神联系。克殷后，周人宣扬的天命观主要用来摧毁殷人的反抗意识。颇有意味的是，《周书》中大凡竭力宣扬"天命"的话，多是周公对殷人说的；所有怀疑老天爷的话，都是周公、召公悄悄给自己人讲的内心话。这确实反映出周人是将"天命"作为统治殷商遗民的工具。但同时也可以发现，周公告诫殷人时，其言辞中也往往隐含透露着"天命"和"敬德"之间的紧密联系，凡是周公所列举的能用天命的王公大臣，无不敬德保民、兢兢业业；而所谓"天不可信"，其实也就是《蔡仲之命》中所说的"皇天无亲，惟德是辅"，意在强调"敬德"是"天命"的前提。《诗经·大雅·文王》一面说"假哉天命，有商孙子"，肯定天命的存在；一面又说"天命靡常"指出天不专佑一家。综合看来，周人讲天命，是用旧瓶装新酒，已经悄无声息地将天命引向了人间。"敬德"是周人特有的思想。殷墟甲骨文里没有"德"字，大盂鼎等周代铜器铭文里出现"德"字，《尚书》的《周书》各篇里充满"德"字。"敬德"就是要求统治者加强自身修养，缓和与被统治阶级的矛盾，是周人的核心思想；而之所以保留"天命"这一酒瓶，则一定程度上是为了统治的需要。

　　《多方》是研究中国古代政治史和思想史的重要文献，也是研究西周民族史的重要文献。三监和武庚叛乱以后，东方的淮夷和奄国再次叛乱，反映西周初年东方各民族和西方各民族之间矛盾的尖锐激烈。《多方》是难得的史料。

惟五月丁亥，王来自奄，至于宗周。

周公曰："王若曰：猷告尔四国多方惟尔殷侯尹民[1]。我惟大降尔命[2]，尔罔不知。洪惟图天之命[3]，弗永寅念于祀[4]，惟帝降格于夏[5]。有夏诞厥逸[6]，不肯慼言于民[7]，乃大淫昏[8]，不克终日劝于帝之迪，乃尔攸闻。厥图帝之命[9]，不克开于民之丽[10]，乃大降罚[11]，崇乱有夏[12]。因甲于内乱[13]，不克灵承于旅[14]，罔丕惟进之恭[15]，洪舒于民[16]。亦惟有夏之民叨懫日钦[17]，劓割夏邑，天惟时求民主[18]，乃大降显休命于成汤，刑殄有夏。

[注释]

1 猷告：告导。四国：指管、蔡、商、奄四国。惟：与，和。殷：《诗经·郑风·溱洧》毛亨传："众也。"殷侯，众位诸侯。尹：治。尹民：治民，指治民的官员。

2 降：下，下达。命：教令。

3 洪惟：句首语气助词。图：大，见《经传释词》。大天之命，谓夸大天命。

4 寅：敬。弗永寅念于祀，谓忽视民生。

5 格：通"诂"，教令。《玉篇》："诂，教令严也。"

6 诞：程度副词，大肆地、放肆地。

7 慼言：《尚书易解》："善言相慰也。"

8 乃：居然。淫昏：淫乐昏乱。

9 图：大。图帝之命，夸大上帝之命。

10 开：明，明白。丽：附。民之丽，民众归附的道理。

11 大降罚：大事杀戮。

12 崇：深重地。《尔雅·释诂》："崇，重也。"

13 甲：通"狎"，习。内乱：女治，指夏桀信任妺喜。

14 灵：善。承：顺从。旅：众。

15 丕：不。《说文解字注》："'丕'与'不'音同，故古多用'不'为'丕'。"进：通"赆"，财货。恭：通"供"。《广雅·释诂》："供，进也。"

16 洪：程度副词，大。舒：古文作"荼"，苦。这里指毒害。

17 叨：贪婪。懫zhì：忿戾。

18 惟时：于是。

[译文]

五月丁亥这天，成王从奄地回来，到了宗周。

周公说："成王这样说：告诉你们四国、各国诸侯以及你们众诸侯国治民的长官。我给你们大下教令，你们不可昏昏不闻。夏桀夸大天命，不常重视祭祀，上天就对夏国降下了严正的命令。夏桀大肆逸乐，不肯恤问人民，竟然大行淫乱，没有一天能够力行上帝的教导，这些都是你们听说过的事。夏桀夸大天命，不能明白民众归附的道理，就大肆杀戮，大乱夏国。夏桀因为习惯于让妇人治理政事，不能很好地顺从民众，无时不贪取财物，大害民众。也由于夏民贪婪、怨戾的风气一天天盛行，残害了夏国。上天于是寻求可以做民众君王的人，就大下光明美好的使命给成汤，命令成汤消灭夏国。

"惟天不畀纯[1]，乃惟以尔多方之义民不克永于多享[2]；惟夏之恭多士大不克明保享于民[3]，乃胥惟虐于民[4]，至于百为，大不克开[5]。乃惟成汤克以尔多方简[6]，代夏作民主。

"慎厥丽[7]，乃劝；厥民刑，用劝；以至于帝乙[8]，罔不明德慎罚，亦克用劝；要囚殄戮多罪[9]，亦克用劝；开释无辜，亦克用劝。

"今至于尔辟，弗克以尔多方享天之命[10]，呜呼！"

[注释]

1 畀：与。纯：通"屯"，众。指多方之邦君和夏国的官员。黄式三说。

2 以：因为。义民：指邦君。享：劝导。

3 恭：通"供"，供职。

4 胥：《尔雅·释诂》："皆也。"惟：为。

5 开：通，犹言开展。

6 多方：多邦，诸侯。简：选择。

7 丽：施行。指施行教令。

8 帝乙：纣之父。

9 要yōu：通"幽"，要囚，幽囚，囚禁。

10 以：与，和。

[译文]

"上天不赐福给众位诸侯，就是因为那时各国邦君不能常常劝导人民，夏国的官员太不懂得保护和劝导人民，竟然都对人民施行暴虐，至于各种工作都不能开展；就是因为成汤那时有你们各国邦君的选择，代替夏桀做了君主。

"他慎施教令，是劝勉人；他惩罚罪人，也是劝勉人；从成汤到帝乙，没有人不宣明德教，慎施刑罚，也能够用来劝勉人；他们监禁、杀死重大罪犯，也能够用来劝勉人；他们释放无罪的人，也能够用来劝勉人。

"现在到了你们的君王，不能够和你们各国邦君享受上天的大命，很可悲啊！"

以上第一段，分析夏亡汤兴，关键在于能否顺从天命教民保民。

王若曰："诰告尔多方，非天庸释有夏[1]，非天庸释有殷。乃惟尔辟以尔多方大淫[2]，图天之命屑有辞[3]。乃惟有夏图厥政，不集于享[4]，天降时丧，有邦间之[5]。乃惟尔商后王逸厥逸，图厥政不蠲烝[6]，天惟降时丧。

[注释]

1 庸释：舍弃。

2 辟：君主。以：和。多方：指夏、殷各国诸侯。

3 图：大，夸大。屑：通"泆"，安逸。有：又。辞：通"怠"，懈怠。

4 集：《诗经·唐风·鸨羽》"集于苞栩"毛亨传："集，止也。"不集于享，《尚书易解》："不止于劝民为善。"

5 间：代替。

6 图：《尔雅·释诂》："谋也。"蠲juān：清明。《左传·襄公十四年》："惠公蠲其大德。"杜预注："蠲，明也。"烝：美好。

[译文]

王这样说："告诉你们各位邦君，不是上天要舍弃夏国，也不是上天要舍弃殷国。就因为你们夏、殷止于劝民向善，于是上天降下了这亡国大祸，诸侯成汤代替了他；就因为你们殷商的后王安于他们的逸乐生活，谋划政事不美好，于是上天降下这亡国大祸。

"惟圣罔念作狂[1]，惟狂克念作圣。天惟五年须暇之子孙[2]，诞作民主[3]，罔可念听。天惟求尔多方，大动以威[4]，开厥顾天[5]。惟尔多方罔堪顾之[6]。惟我周王灵承于旅[7]，克堪用德，惟典神天[8]。天惟式教我用休[9]，简畀殷命[10]，尹尔多方[11]。

[注释]

1 圣：明哲的人。作：成为。作狂，成为狂妄无知的人。

2 须：等待。暇：当从《诗经·大雅·皇矣》正义引作"夏"。须夏之子孙，等待夏的子孙。

3 诞：延，延续。

4 大动以威：郑玄注："言天下灾异之威，动天下之心。"

5 开：启示。厥：其，指多方。

6 堪：能。

7 灵：善于。承：顺从。旅：众人。

8 典：通"腆"，善，善待。

9 式：当读为"代"，更改，改变。用：以。教我用休：以休祥指导我。

10　简：明，表明。畀：给予。殷：《广雅·释诂》：
"大也。"殷命，大命。

11　尹：治理。

[译文]

"明哲的人不思考就会变成狂妄无知的人，狂妄无知的
人能够思考就能变成明哲的人。上天用五年时间等待夏的子
孙，让他们继续做天下万民的君主，他们没有人能够思考
和听从天意。上天又寻求你们众诸侯国，大降灾异，启发你
们众诸侯国顾念天意，你们众诸侯国也没有人能顾念它。只
有我们周王善于顺从民众，能用明德，善待神、天。上帝就
改用休祥指导我们，明确授予我们伟大的使命，治理众诸
侯国。

"今我曷敢多诰¹，我惟大降尔四国民命²。尔曷不
忱裕之于尔多方³？尔曷不夹介乂我周王享天之命⁴？今
尔尚宅尔宅⁵，畋尔田⁶，尔曷不惠王熙天之命⁷？

[注释]

1　曷：何。

2　降尔四国民命：降命于尔四国之民。

3　忱裕：劝导。

4 夹介：疑为"夰"字之分音。说见《尚书易解》。《说文·大部》："夰，大也。读若盖。"义：通"艾"，辅助。《尔雅·释诂》："艾，相也。"

5 尚：还。宅尔宅：前一"宅"字，是动词，居住；后一"宅"字，是名词，住宅。

6 畋：整治田地。《说文·田部》："畋，平田也。"

7 惠：顺从。熙：光，宣扬。

[译文]

"现在我怎么敢重复告诫，我当特别发布给你们四国臣民的教令。你们为什么不劝导各国臣民？你们为什么不大力辅佐我周王共享天命呢？现在你们还住在你们的住处，整治你们的田地，你们为什么不顺从周王宣扬上天的大命呢？

"尔乃迪屡不静[1]，尔心未爱[2]。尔乃不大宅天命[3]，尔乃屑播天命[4]，尔乃自作不典[5]，图忱于正[6]。我惟时其教告之[7]，我惟时其战要囚之[8]，至于再，至于三[9]。乃有不用我降尔命[10]，我乃其大罚殛之[11]！非我有周秉德不康宁，乃惟尔自速辜[12]！"

[注释]

1 乃：竟。迪：教导。屡：屡次。

2 未：《词诠》："不也。"爱：惠，顺。

3 宅：度，考虑。

4 屑：通"悉"，皆，尽。播：弃。

5 不典：不法。

6 图：图谋。忲：通"殺"，攻击。《说文·殳部》："殺，下击上也。"章太炎说。正：长。

7 惟时：于是。其：关联副词，表因果承接关系，可译为"就""才"。

8 要囚：幽囚。战要囚之：《尚书易解》："谓讨其叛乱而幽囚之。"

9 至于再，至于三：《孔传》："再，谓三监、淮夷叛时。三，谓成王即政又叛。"

10 乃：《词诠》："假设连词，若也。"

11 殛：诛，惩罚。

12 速：召，招致。辜：罪。

[译文]

"你们竟然屡次教导还不安定，你们内心不顺。你们竟然不考虑天命，你们竟然完全抛弃天命，你们竟然自作不法，图谋攻击君长。我因此教导过你们，我因此讨伐你们，囚禁你们，至于再，至于三。假如还有人不服从我发布给你们的命令，那么我就要重重施行惩罚！这不是我们周国执行德教不安静，只是你们自己招致了罪过！"

以上第二段，说明周王顺从天命统治多方，告诫四国臣民要服从教命。

王曰："呜呼！猷告尔有方多士暨殷多士[1]。今尔奔走臣我监五祀[2]，越惟有胥伯小大多正[3]，尔罔不克臬[4]。

"自作不和，尔惟和哉！尔室不睦，尔惟和哉！尔邑克明[5]，尔惟克勤乃事。尔尚不忌于凶德[6]，亦则以穆穆在乃位[7]，克阅于乃邑谋介[8]。

"尔乃自时洛邑[9]，尚永力畋尔田，天惟畀矜尔[10]。我有周惟其大介赉尔[11]，迪简在王庭[12]，尚尔事[13]，有服在大僚[14]。"

[注释]

1 猷：告。《方言》："猷，道也。"暨：和，与。

2 监：侯国。此指卫康叔。祀：年。五祀，从周公摄政三年灭奄起至成王元年，正好五年。

3 胥：徭役。伯：《尚书大传》作"赋"，赋税。正：通"政"，政事。并见《尚书易解》。

4 臬：法，守法。

5 明：政治清明。

6 忌：通"綦jī"，《小尔雅》："綦，教也。"

7 穆穆：恭敬。

8 阅：容。见《礼记·表记》注。介：善。

9 乃：若。时：这个。

10 畀：赐予。矜：怜悯。

11 介：善。大介，大而好。赉lài：赏赐。

12 迪：进。简：选择。

13 尚：努力。《公羊传·襄公二十九年》注："尚，犹努力也。"戴钧衡说。

14 服：职务。僚：官。

[译文]

王说："告诉你们各国官员和殷国的官员，到现在你们奔走效劳臣服我侯国已经五年了，所有的徭役赋税和大大小小的政事，你们没有不能遵守法规的。

"自己造成了不和睦，你们也应该和睦起来！你们的家庭不和睦，你们也应该和睦起来！你们的城邑能够清明，你们算是能够勤于你们的职事。你们或许不被坏人教唆，也就可以好好地处在你们的位置上，能够留在你们的城邑里谋求美好的生活。

"你们如果利用这个洛邑，长久尽力耕作你们的田地，上天会怜悯你们。我们周国将会又多又好地赏赐你们，把你们引进选拔到朝廷来；努力做好你们的职事，又将让你们担任重要官职。"

　　王曰："呜呼！多士，尔不克劝忱我命[1]，尔亦则惟不克享[2]，凡民惟曰不享。尔乃惟逸惟颇[3]，大远王命，则惟尔多方探天之威[4]，我则致天之罚[5]，离逖尔土[6]。"

　　王曰："我不惟多诰[7]，我惟祗告尔命[8]。"

　　又曰："时惟尔初[9]！不克敬于和[10]，则无我怨。"

　　[注释]

　　1 劝：勉力。忱：相信。《诗经·大雅·大明》"天难忱斯"毛亨传："忱，信也。"

　　2 享：享受禄位。

　　3 逸：放荡。颇：邪恶。

　　4 探：试。见《尔雅·释言》。威：威严。

　　5 致：行，施行。

　　6 逖：远。

　　7 惟：思，想。

　　8 祗：敬。命：指天命。

　　9 时：善。惟：谋划。

　　10 于：与，和。

[译文]

王说："啊！官员们，如果你们不能努力信从我的教命，你们也就不能享有禄位，民众也将认为你们不能享有禄位。你们如果放荡邪恶，大弃王命，那就是你们众国试探上天的威严，我就要施行上天的惩罚，使你们离开你们的故土。"

王说："我不想多说了，我只是认真地把天命告诉你们。"

王又说："好好地谋划你们的开始吧！若不能恭敬与和睦，那么你们就不要怨我了。"

以上第三段，劝勉多士听从天命，努力工作，安居乐业。

立 政

　　《立政》是周公晚年告诫成王建立官制的诰词。王引之《经义述闻》卷三说："'政'与'正'同。正，长也。立政，谓建立长官也。篇内所言皆官人之道，故以'立政'名篇。"

　　周公和成王先后两次东征，天下日渐安定。周王朝的迫切任务就是健全官员制度，完善中央王朝和各个诸侯国的政治机构，以求长治久安。《史记·鲁世家》记载："成王在丰，天下已安。周之官政未次序，于是周公作《周官》，官别其宜。作《立政》，以便百姓，百姓说（悦）。"可见这篇诰词的作用很重大，促进了周王朝的安定和发展。

　　《立政》是研究周代官制的重要文献。

　　周公首先总结夏、殷两代在用人和理政方面的经验教训，正面总结夏初的贤王和商代成汤的成功经验是任人唯贤，指明夏桀和殷纣国灭身亡的原因是任用暴虐无德的人。

周公列举文王、武王时所设官职："任人、准夫、牧作三事；虎贲、缀衣、趣马、小尹、左右携仆、百司庶府；大都小伯、艺人、表臣百司；太史、尹伯、庶常起士；司徒、司马、司空、亚旅；夷、微、卢烝；三亳阪尹。"这样的排列次序不是随意为之。曾运乾说："按本文序官，先大臣而后小臣，先近臣而后远臣，先王朝而后侯国，先诸夏而后戎狄，其大较也。"这种次序安排显示了周代森严的等级制度和尊卑观念。

接着，周公总结文王武王用人和理政的经验。十分重视官员的考核，用人不疑，疑人不用；十分重视司法独立，"庶狱庶慎，惟有司牧夫是训用违；庶狱庶慎，文罔敢知于兹"；简政放权，"君不行臣职"。这些主张凝聚了华夏先民宝贵的政治经验，蕴含了丰富的政治智慧，对现实有很强的借鉴意义。

最后，周公对成王提出四点希望和要求。一是勿误于庶狱，二是诘戎兵，三是用常人；四是慎刑。平定武庚叛乱后，殷商遗民仍未完全归服，为避免与殷人矛盾的加剧，周公主张实行宽大政策，所以一再告诫成王不要干涉司法，一再要求司法官员处理狱讼案件要依照常例，使用中刑。为了防止殷人再度叛乱，周公特别告诫成王要注重军队建设。军事一直是国家最重要的事务之一。《孙子兵法》称："兵者，国之大事也。死生之地，存亡之道，不可不察也。"周公软硬兼施、刚柔并济的主张对于稳定当时的社会秩序具有重大意义。

周公期望成王"诘尔戎兵以陟禹之迹"，显示周与夏有某种特殊的关系。《吕刑》《逸周书·商誓》《诗经·鲁颂·闷宫》《国语·周语》都直接将周视为禹的继承者。在《尚书》的《康诰》《立政》《君奭》等篇中，周人也自称"夏"。考古学上，有夏、周同出于晋南说，此说虽尚待进一步考证。但结合传世文献，并联系《益稷》篇后稷佐禹治水的记载，周与夏之间存在联系，这一点应当可以确定。

周公若曰："拜手稽首[1]，告嗣天子王矣。"用咸戒于王曰王左右常伯[2]、常任[3]、准人[4]、缀衣[5]、虎贲[6]。

[注释]

1 拜手稽首：古代最恭敬的拜跪礼。有学者认为，"拜手稽首，告嗣天子王矣。用咸戒于王曰"三句都是史官记录周公讲话时特意附加的说明文字，"拜手稽首"说明周公讲话前的动作，"告嗣天子王矣"说明周公讲话的对象，"用咸戒于王"说明周公讲话的性质。存参。

2 用：因果连词，因而。咸：同。曰：通"越"，连词，与也。左右：教导。《尔雅·释诂》："左右，导也。"常伯：治民的官，就是下文的牧和牧人。

3 常任：治事的官，就是下文的事和任人。

4 准人：执法的官，就是下文的准。

5 缀衣：掌管国王衣服的官。

6 虎贲bēn：守卫王宫的武官。

[译文]

周公这样说："跪拜叩头，报告继承天子之位的王。"周公率群臣共同劝诫成王与王左右常伯、常任、准人、缀衣和虎贲。

周公曰："呜呼！休兹知恤[1]，鲜哉！古之人迪惟有夏，乃有室大竞[2]，吁俊尊上帝迪[3]，知忱恂于九德之行[4]。乃敢告教厥后曰：'拜手稽首后矣[5]！'曰：'宅乃事[6]，宅乃牧，宅乃准，兹惟后矣。谋面[7]，用丕训德[8]，则乃宅人[9]，兹乃三宅无义民[10]。'

[注释]

1 兹：则，连词。见《词诠》。恤：忧。王先谦说："周初文言休恤相对成义，《召诰》无疆惟休，亦无疆惟恤，及此可证也。"

2 乃：其，他们的。有室：指卿大夫。竞：强。

3 吁：呼吁。俊：通"骏"，长。迪：教导。

4 忱恂：诚信。九德：九种德行。见《虞夏书·皋陶谟》。

5 拜手稽首后矣：夏臣向夏君行拜跪大礼。

6 宅：度量，考察。事：就是常任。

7 谋面：以貌取人。

8 丕：通"不"。训：通"顺"，依循。

9 则：若。见《词诠》。宅人：考察人。

10 三宅：就是宅事、宅牧、宅准。义：美善，贤。义，繁体作"義"，从羊。徐锴《说文解字系传》："羊者，美物也。羊，祥也。此与善同意，故从羊。"

[译文]

周公说："啊！美好的时候就知道忧虑的人，很少啊！古代的人只有夏禹，他的卿大夫很强，夏王还呼吁他们长久地尊重上帝的教导，使他们知道诚实地相信九德的准则。夏的大臣于是敢于告诉他们的君王道：'跪拜叩头了，君王啊！'夏臣说：'考察你的常任、常伯、准人，这样，才称得上君王啊！以貌取人，不依循德行，假若这样考察人，你们的三宅就没有贤人了。'

"桀德[1]，惟乃弗作往任[2]，是惟暴德[3]，罔后。

"亦越成汤陟[4]，丕釐上帝之耿命[5]，乃用三有宅，克即宅[6]，曰三有俊[7]，克即俊。严惟丕式[8]，克用三宅三俊，其在商邑，用协于厥邑，其在四方，用丕式见德[9]。

[注释]

1 德：升于帝位。《说文·彳部》："德，升也。"

2 作：用。往任：往日任人的法则。

3 是：于是。惟：只，仅。暴德：凶德，暴行。

4 越：及，到了。陟：升，升帝位。

5 丕：程度副词，大大地。釐xī：受福，引申为"受"。耿：明。

6 即：就。克即宅，《书集传》："言汤所用三宅，实能就是位而不旷其职。"

7 曰：通"越"，与。三有俊：孙诒让说："当即三宅之属官。盖三宅各有正长，有属吏，三宅之属吏皆用贤俊，故谓之三有俊。"

8 严：敬。惟：念。丕式：大法。指上天用人的大法。

9 见：同"现"，显。

[译文]

"夏桀登上帝位，他不用往日任用官员的法则，于是只用些暴虐的人，终于绝后。

"到了成汤登上帝位，大受上帝的明命，他选用事、牧、准三宅的官，都能各司其职，选用三宅的属官，也能胜任属官之位。他敬念上帝选用官员的大法，能够任用各级官员，他在商都，用这些官员协和都城的臣民，他在天下四方，用这种大法显扬他的圣德。

"呜呼！其在受德[1]，暋惟羞刑暴德之人[2]，同于厥邦；乃惟庶习逸德之人[3]，同于厥政。帝钦罚之[4]，乃伻我有夏[5]，式商受命[6]，奄甸万姓。

[注释]

1 在：《词诠》："介词，于也。"介引动作行为进行的时间。受：纣王名。

2 暋mín：《尔雅·释诂》："强也"。羞刑：被法律所羞辱的人，指触犯法律的罪人。

3 乃：关联副词，表因果转折，可译为"但""却""竟然"等意。庶：众多。习：指近习，即左右亲幸。《韩非子·五蠹》："今世近习之请行。"逸德：失德。

4 钦：孙星衍说："犹'重'也。"

5 乃：关联副词，于是就、于是才。伻：使。有夏：周人自称为夏。《康诰》："用肇造我区夏。"

6 式：读为"代"，代替。曾运乾说。

[译文]

"啊！到商王纣登上帝位，强行把罪人和暴虐的人聚集在他的国家里；竟然任用众多亲幸和失德的人，共同治理他的政事。上天重重地惩罚他，就使我们周王代替商纣王接受上天的大命，安抚治理天下万民。

以上第一段，分析夏商两代设官的得失，指明在于是否任用贤人。

"亦越文王、武王，克知三有宅心，灼见三有俊心，以敬事上帝，立民长伯。立政[1]：任人、准夫、牧作三事[2]；虎贲、缀衣、趣马[3]、小尹[4]、左右携仆[5]、百司庶府[6]；大都小伯[7]、艺人[8]、表臣百司[9]；太史[10]、尹伯[11]、庶常吉士[12]；司徒、司马、司空[13]、亚旅[14]；夷、微、卢烝[15]；三亳阪尹[16]。

[注释]

1 立政：建立官长。

2 作：为。

3 趣马：负责养马的官。

4 小尹：趣马的属官。

5　左右携仆：君王的近侍官员。江声认为就是《周礼》大仆、射人。携，提携。《礼记·檀弓》："扶君、仆人师扶右，射人师扶左。"

6　百司庶府：百、庶，言众多。司和府都是官名。《礼记·曲礼》有司土、司木、司水、司草、司器、司货等名；《周礼》有太府、王府、内府、外府、泉府、天府等官。

7　大都小伯：大都小都的官长。《周礼·载师》注引《司马法》说："小都，卿之采地；大都，公之采地。"曾运乾说："伯，长也。大都言都不言伯，小都言伯不言都，互文见意也。"

8　艺人：征收赋税的官。曾运乾说。

9　表：外。表臣百司，外臣百官。

10　太史：史官之长。

11　尹伯：官长，各官之长。

12　常：祥。吉：善。庶常吉士，意思是上列各官都是祥善的人。

13　司徒、司马、司空：就是三卿。

14　亚旅：大夫。

15　夷：东方的国家。微：南方的国家。卢：西方的国家。烝：君长。

16　三亳：南亳、西亳、北亳，都是殷商的故都。阪：夏的故都。尹：官长。王船山说："三亳者，殷之故都也。

阪者，安邑之阪，夏之故都也。武王初定天下，于二代之
墟立王官以尹之，所以安辑之也。"见《尚书稗疏》卷四。
尹：官名。

[译文]

"到了文王、武王，他们能够知道三宅的思想，还能清
楚地看到三宅部属的思想，用敬奉上帝的诚心，为老百姓建
立官长。设立的官职是：任人、准夫、牧为三事；有虎贲、
缀衣、趣马、小尹、左右携仆以及百司庶府；有大小邦国的
君主、艺人，外臣百官；有太史、尹伯；他们都是祥善的
人。诸侯国的官员有司徒、司马、司空、亚旅；设立夷、
微、卢各国的君主；还设立了商和夏的旧都管理官员。

"文王惟克厥宅心[1]，乃克立兹常事司牧人[2]。以克
俊有德。文王罔攸兼于庶言；庶狱庶慎[3]，惟有司之牧夫
是训用违[4]；庶狱庶慎，文王罔敢知于兹[5]。亦越武王，
率惟敉功[6]，不敢替厥义德[7]，率惟谋从容德，以并受此
丕丕基[8]。

[注释]

1 惟：连词，表示因果关系。与下句"乃"构成
"惟……，乃……"双联格式。"惟"，连接前一分句，表

示原因；“乃”，连接后一分句，表示结果。惟克厥宅心，就是"惟克知厥宅心"，承上文而省。

2　常事司牧人：指上述各官员。

3　庶狱：各种狱讼案件。慎：《广雅·释诂》："敕也。"庶慎，各种敕戒的事。

4　之：和。用违：用与不用，用否。

5　敢：表敬副词。兹：这，指代众狱的事。罔敢知，就是"不过问"。

6　率惟：句首语气助词。秡：终，完成。功：事业。指文王的事业。

7　替：废弃。厥：其，这里指文王。义德：善德。

8　以：连词，表因果关系，因此。并：同，共同。并受：文王、武王同受。丕丕：大而又大。基：事业。

[译文]

"文王因能够度知三宅的思想，就能设立这些常事、司牧官员，而且能够是俊彦有德的人。文王不兼管各种教令。各种狱讼案件和各种敕戒，用和不用只顺从主管官员和牧民的人；对于各种狱讼案件和各种敕戒，文王不敢过问这些。到了武王，完成了文王的事业，不敢放弃文王的善德，谋求顺从文王宽容的美德，因此，文王和武王共同接受了这伟大的王业。

以上第二段，说明文王、武王时的官制和对待官员的常法。

"呜呼！孺子王矣[1]！继自今我其立政，立事[2]、准人、牧夫，我其克灼知厥若[3]，丕乃俾乱[4]。相我受民[5]，和我庶狱庶慎[6]，时则勿有间之[7]。自一话一言[8]，我则末惟成德之彦[9]，以乂我受民。

"呜呼！予旦已受人之徽言咸告孺子王矣[10]。继自今文子文孙[11]，其勿误于庶狱庶慎，惟正是乂之[12]。

[注释]

1 孺子：指成王。

2 事：就是常任。

3 若：善。

4 丕：句首语气助词，无义。乃：关联副词，表示条件关系。下文"兹乃俾乂"的"乃"同。俾：使。乱：治理。

5 相：治理。受民：接受上天和祖先所赐予的民众。

6 和：平治。

7 时：这些事。间：代替。《孔传》说："如是则勿有以代之。"

8 自：虽。见《词诠》："自，推拓连词，与'虽'同。"

9 末：终。惟：谋，谋于。彦：俊彦，美士。成德之彦，盛德的人。

10 旦：周公名。已受：《汉石经》作"以前"，当从之。"已"和"以"古代通用，"受"和"前"形近而误。徽言：美言。

11 文：善，贤。《礼记·乐记》注："善也。"黄式三说。文子文孙，贤子贤孙。

12 惟：只是。正：长官，指治狱的官。

[译文]

"啊！您现在已是君王了。从今以后，我们要设立官员，设立事、准人、牧夫，我们要能明白了解他们的优点，才能让他们治理政事。管理我们所接受的民众，平治我们各种狱讼和各种禁戒的事务，这些事务我们不可代替。虽然一话一言，我们终要谋于贤德的人，来治理我们的老百姓。

"啊！我姬旦把前人的美言全都告诉君王了。从今以后，继承的贤子贤孙，可不要在各种狱讼和各种敕戒上耽误时间，这些事只让主管官员去治理。

"自古商人亦越我周文王立政，立事、牧夫、准人，则克宅之，克由绎之[1]，兹乃俾乂，国则罔有[2]。立政用憸人³，不训于德，是罔显在厥世。继自今立政，其勿以憸人，其惟吉士⁴，用劢相我国家⁵。

[注释]

1 由绎：疑即诱掖，同音通用。《诗经·陈风·衡门》序"诱掖其君"，郑玄笺："扶持也。"见《尚书易解》。

2 罔有：罔尤，无过。"尤"和"有"同声通用。罔尤，卜辞作"亡尤"，是殷周时代的常语。见《尚书易解》。

3 憸xiān人：贪利奸佞的人。

4 其：副词，表示祈使（劝告、希望或命令）语气，可译为"希望""应当""必须"。

5 用：目的连词，相当于"以"。劢mài：勉力。相：治理。

[译文]

"从古时的商代先王到我们的周文王设立官员，设立事、牧夫、准人，就是能够考察他们，能够扶持他们，这样才让他们治理，国事就没有失误。假如设立官员，任用贪利奸佞的人，不依循于德行，于是君王终世都会没有光彩。从今以后设立官员，可不要任用贪利奸佞的小人，必须任用善良贤能的人，用来努力治理我们的国家。

"今文子文孙、孺子王矣！其勿误于庶狱，惟有司之牧夫[1]。其克诘尔戎兵以陟禹之迹[2]，方行天下，至于海表，罔有不服。以觐文王之耿光[3]，以扬武王之大烈。呜呼！继自今后王立政，其惟克用常人[4]。"

[注释]

1 惟：范围副词，强调施事的唯一性。下文"惟正是义之"、"惟有司之牧夫"的"惟"同。之：连词，和。惟有司之牧夫，就是"惟有司和牧夫是义"，因语急而省略。

2 诘：治理。戎兵：指军队。陟禹之迹：步禹之迹。禹平水土，足迹遍于天下。步禹之迹，是指统一天下。

3 觐：见，指显扬。耿：明。

4 常人：吉士。"常"与"祥"通，祥，善。

[译文]

"现在，先王贤明的子孙，您已做君王了！可不要在各种狱讼案件上耽误，只让主管官员和牧夫去治理。您要能够治理好军队，步着大禹的足迹，遍行天下，直至海外，没有人不服从。以此显扬文王的光辉，继续武王的大业。啊！从今以后，继位君王设立官员，一定要能够任用善良的人。"

周公若曰："太史！司寇苏公式敬尔由狱[1]，以长我王国[2]。兹式有慎，以列用中罚[3]。"

[注释]

1 苏公：苏忿生。《左传·成公十一年》："苏忿生以温为司寇。"杜预注："苏忿生，周武王司寇苏公也。"式：法，这里用作动词，规定，法定。尔：语气助词。由：用。

2 长：延长。

3 列：今"例"字。以例用中罚，依据条例使用中罚。《周礼》"刑平国用中典"，郑玄注："平国，承平守成之国。用中典者，常行之法。"

[译文]

周公这样说："太史！司寇苏公规定要认真地处理狱讼案件，使我们的王国长治久安。现在规定更要敬慎，依据常例，使用中罚。"

以上第三段，告诫成王任用贤人，使用中刑中罚。

周　官

　　周成王灭了淮夷，回到王都丰邑，向群臣说明周家设官分职用人的法则。史官记叙这件事，写成《周官》。

　　《周官》对于西周官制研究具有参考价值。

　　《周官》反映了三公、三孤、六卿的分职。太师、太傅、太保为三公，少师、少傅、少保为三孤，三孤辅佐三公，与三公都是直接对周王负责。六卿是冢宰、司徒、宗伯、司马、司寇、司空六官组成。六官分别主管政治、教育、典礼、军事、刑法、土地。《周官》叙述的官制，与《周礼》以及《立政》诸篇所反映的官制稍有不同。朱熹认为，《周官》所反映的是成王时的新官制。

惟周王抚万邦[1]，巡侯甸[2]，四征弗庭[3]，绥厥兆民[4]。六服群辟，罔不承德[5]，归于宗周[6]，董正治官[7]。

[注释]

1 周王：指周成王。抚：占有。《礼记·文王世子》郑玄注："抚，犹有也。"万邦：众多国家。

2 巡：巡狩。天子视察诸侯国。侯甸：侯服、甸服的诸侯国，这里泛指各诸侯国。

3 四征：四面征讨。庭：通"廷"，朝廷。这里用作动词，朝见的意思。弗庭，不来朝见，指背叛的诸侯。

4 绥：安定。厥：其。兆：《孔传》："十亿曰兆，言多。"兆民，指普天下的民众。

5 六服：周代把王都周围的土地分为侯、甸、男、采、卫、蛮六种服役地带。辟：君王。这里指诸侯。罔：没有人。

6 宗周：指丰邑。

7 董：督。此谓督导。正：治理。董正，督导整顿。董正治官，《书集传》："督正治事之官。外攘之功举。而益严内治之修也。"

[译文]

周成王安抚万国，巡视侯服、甸服等诸侯，四方征讨不来朝见的诸侯，以安定天下的民众。六服的诸侯，无人不奉承他的德教。成王回到王都丰邑，又督导整顿治事的官员。

以上第一段，交代周成王发布官制诰令的背景。

王曰："若昔大猷[1]，制治于未乱[2]，保邦于未危。"

曰："唐虞稽古，建官惟百。内有百揆四岳[3]，外有州牧侯伯[4]。庶政惟和，万国咸宁。夏商官倍，亦克用乂。明王立政[5]，不惟其官，惟其人。今予小子祗勤于德，夙夜不逮。仰惟前代时若[6]，训迪厥官。

"立太师、太傅、太保[7]，兹惟三公。论道经邦[8]，燮理阴阳[9]，官不必备，惟其人。

"少师、少傅、少保，曰三孤[10]。贰公弘化[11]，寅亮天地[12]，弼予一人。

[注释]

1 若：顺从。昔：往日。猷：道，法。大猷，指下文所说的设官治政的大法。

2 制治：制定政教。《孔疏》："治谓政教，邦谓国家。治有失则乱，邦不安则危。"

3 百揆：官名，总理百官之职。《孔疏》说："揆度百事，为群官之首。"四岳：尧舜时四方部落首领。

4　州牧：官名。古代州的军政长官。侯伯：几个或一方诸侯国的首领。《书集传》："侯伯，次州牧而总诸侯者也。"《孔疏》："侯伯，五国之长，各监其所部之国。"

5　政：通"正"，长。立政，设立官长。

6　时：是。若：顺从。

7　太师、太傅、太保：三种辅助天子的大官。《孔传》说："师，天子所师法。傅，傅相天子。保，保安天子于德义者。"

8　论：阐明。道：这里指治国的途径。经：治理。

9　燮：和。阴阳：世间一切正反现象，古代叫阴阳。

10　三孤：《孔传》："孤，特也。言卑于公，尊于卿，特置此三者。"三孤也叫作三少。《大戴礼记·保傅》："于是置三少，皆上大夫也：曰少保、少傅、少师。"

11　贰：副职，协助。弘化：弘大道化。见《孔传》。

12　寅：敬。亮：《尔雅·释诂》："信也。"

[译文]

成王说："顺从往日的大法，要在未乱的时候制定政教，在未危的时候安定国家。"

王说："尧舜稽考古代制度，建立上百个官职。内有百揆和四岳，外有州牧和侯伯。各种政事和顺，天下万国都安宁。夏代和商代，官数增加一倍，也能用来治理。英明的君王设立官员，不考虑官员的多少，而考虑要得到贤人。现在我小子恭敬勤奋地施行德政，起早睡晚仍然不及。仰思顺从前代，说明指导建立我们的官制。

"设立太师、太傅、大保，这是三公。他们讲明治道，治理国家，调和阴阳。三公的官不必齐备，要考虑适当的人。

"设立少师、少傅、少保，叫作三孤。他们协助三公弘扬教化，敬明天地的事，辅助我一人。

"冢宰掌邦治[1]，统百官，均四海[2]。司徒掌邦教，敷五典，扰兆民。宗伯掌邦礼，治神人，和上下。司马掌邦政，统六师[3]，平邦国[4]。司寇掌邦禁，诘奸慝[5]，刑暴乱。司空掌邦土，居四民，时地利[6]。六卿分职，各率其属，以倡九牧，阜成兆民。

"六年，五服一朝。又六年，王乃时巡[7]，考制度于四岳[8]。诸侯各朝于方岳，大明黜陟。"

[注释]

1 冢：大。宰：治。冢宰，又叫大宰，百官的首长。

2 均：调节。《书集传》："四海异宜，调剂使得其平，是谓之均。"

3　六师：又叫作六军。《周礼·夏官·司马》："凡制军，万有二千五百人为军。王六军，大国三军，次国二军，小国一军。"

4　平：治理，平服。《书集传》："平，谓强不得陵弱，众不得暴寡，而人皆得其平也。"

5　司寇：官名。掌管刑狱、纠察等事。诘：治。奸慝tè：邪恶不正的人。

6　时：依时。时地利，依时节以兴地利。

7　时：指四时。巡：巡狩。时巡，《孔传》："周制十二年一巡狩，春东，夏南，秋西，冬北，故曰时巡。

8　考：考正。

[译文]

"冢宰主管国家的治理，统率百官，调剂四海。司徒主管国家的教育，传布五常的教训，使万民和顺。宗伯主管国家的典礼，治理神和人的感通，调和上下尊卑的关系。司马主管国家的军政，统率六师，平服邦国。司寇主管国家的法禁，治理邪恶的人，刑杀暴乱之徒。司空主管国家的土地，安置士农工商，依时发展地利。六卿分管职事，各自统率他的属官，以倡导九州之牧，富厚安定天下众民。

"每隔六年，五服诸侯来朝见一次。又隔六年，王便依时巡视，到四岳考正各项制度。诸侯各在所属的方岳朝见王，王普遍明定诸侯的升降赏罚。”

　　以上第二段，说明建官的体制。

　　王曰：“呜呼！凡我有官君子¹，钦乃攸司²。慎乃出令。令出惟行，弗惟反。以公灭私，民其允怀。学古入官³，议事以制，政乃不迷。其尔典常作之师⁴，无以利口乱厥官⁵。蓄疑败谋，怠忽荒政。不学墙面⁶，莅事惟烦。

　　“戒尔卿士⁷：功崇惟志，业广惟勤。惟克果断⁸，乃罔后艰。位不期骄⁹，禄不期侈，恭俭惟德！无载尔伪。作德，心逸日休；作伪，心劳日拙。居宠思危，罔不惟畏，弗畏入畏¹⁰，推贤让能，庶官乃和，不和政厖¹¹。举能其官¹²，惟尔之能；称匪其人，惟尔不任。”

　　[注释]

　　1 有官君子：指在位的大小官员。

　　2 攸：所。攸司，所主持的职事。

　　3 学古：学习古训。学古入官，《孔疏》：“将欲入政，先学古之训典，观古之成败，择善而从之，然后可以入官治政矣。”

　　4 其：副词。表示命令语气。典常：旧典常法。“其尔”句，《孔传》说：“其汝为政，当以旧典常故事为师法。"

　　5　利口：巧言，辩言。

　　6　不学墙面：《孔疏》："人而不学如面向墙，无所睹见。"

　　7　卿士：执政大臣。《左传·隐公三年》："郑武公、庄公为平王卿士。"杜预注："卿士，王卿之执政者。"

　　8　克：能够。惟克果断，《孔疏》："惟能果敢决断，乃无有后日艰难。言多疑必将致后患矣。"《书集传》："勤由志而生，志待勤而遂，虽有二者，当几而不能果断，则志与勤虚用，而终蹈后艰矣。"

　　9　期：当。骄：骄傲。位不期骄，言居官位不当骄傲

　　10　弗畏入畏：不畏就会进入可畏的困境。

　　11　厖 máng：通"尨"，杂乱。《孔传》："厖，乱也。"

　　12　举：推荐，选拔。举能其官，意为选举的官员能称其职。

[译文]

　　成王说："啊！凡我在位的各级官员，要认真对待你们所管理的工作，慎重对待你们发布的命令。命令发出了就要实行，不要违抗。用公正消除私情，人民将会信任归服。先学古代治法再入仕途，议论政事依据法制，政事就不会错

误。你们要用周家常法作为法则，不要以巧言干扰你的官员。蓄疑不决，必定败坏计谋，怠惰疏忽，必定荒废政事。不学习好像向墙站着，临事就会烦乱。

"告诫你们各位卿士：功高由于有志，业大由于勤劳。能够果敢决断，就没有后来的艰难。居官不当骄傲，享禄不当奢侈，恭和俭是美德啊！不要行使诈伪，行德就心安而日美，作伪就心劳而日拙。处于尊宠要想到危辱，无事不当敬畏，不知敬畏，就会进入可畏的境地。推举贤明而让能者，众官就会和谐；众官不和，政事就杂乱了。推举能者在其官位，是你们的贤能；所举不是那种贤能的人，是你们不称职。"

以上第三段，说明居官为政的法则。

王曰："呜呼！三事暨大夫¹，敬尔有官，乱尔有政²，以佑乃辟，永康兆民；万邦惟无斁³。"

[注释]

1　三事：指任人、准夫、牧三位高级官员。

2　乱：治理。

3　斁yì：厌弃。

[译文]

成王说："啊！任人、准夫、牧和大夫们：敬守你们的官职，治理你们的政事，来辅助你们的君主，使天下民众长远安宁，天下万国就不会厌弃我们了。"

以上第四段，告诫群臣敬恭职守，治理政事。

君　陈

　　君陈，周公的儿子，伯禽的弟弟。周公去世后，成王命令君陈治理成周，并用策书勉励君陈延续周公治殷方略，施行德政，彻底改造殷民。史官记录这一策书，名叫《君陈》。

　　《君陈》是研究周代德治的重要资料。

　　《君陈》开篇，成王就指出选择君陈接替周公的主要原因是他"令德孝恭""孝友于兄弟"。百善孝为先，孝是一切"德"的生长起点。《论语·为政》：或谓孔子曰："子奚不为政？"子曰："《书》云：'孝乎惟孝，友于兄弟。施于有政'，是亦为政，奚其为政？"《学而》："子曰：其为人也孝弟，而好犯上者，鲜矣；不好犯上，而好作乱者，未之有也。君子务本，本立而道生。孝弟也者，其为仁之本与？"孔子的观点与成王的观点是一致的。

德治很重要一条就是上级对下级的垂范。而这种垂范之所以必要，是因为"凡人未见圣，若不克见；既见圣，亦不克由圣"，只有君子才能够做到。君子与凡人的区别就在于对"圣"的领悟能力存在差异。所以，居官的君子要努力修身进德，从而教化民众。"尔为风，下民惟草"，这是强调统治者与民众的关系。《论语·颜渊》中孔子的表述更加完整："君子之德风，小人之德草，草上之风必偃。"统治者能教化民众，使他们从善。

具体到行政上，成王要求君陈做到"宽而有制"，判决罪犯要综合各方面因素，作出合理、合法的判决。成王还特别指出，对于那些冥顽不化的人，要做到"必有忍，其乃有济。有容，德乃大"，强调为政者要有容忍之心，这是因为"惟民生厚，因物有迁。违上所命，从厥攸好"。民众本性是敦厚的，只是因为外物影响才有所改变；既然民众本性敦厚，那么通过施行德政复其本心，就可以使他们恢复敦厚的本性。这是德治的理论基础，儒家性善论的思路与此大致相仿。

王若曰："君陈！惟尔令德孝恭[1]。惟孝友于兄弟[2]，克施有政[3]。命汝尹兹东郊[4]，敬哉！昔周公师保万民[5]，民怀其德。往慎乃司！兹率厥常[6]，懋昭周公之训，惟民其乂[7]。

[注释]

1 令：美，善。孝：孝顺父母。《尔雅·释训》："善父母为孝。"

2 友：《尔雅·释训》："善兄弟为友。"

3 施：移，见《史记》如淳注。孔子曰："居家理，故治可移于官。"

4 尹yǐn：治理。东郊：指王都洛邑的东郊，即成周。

5 师保：教诲，安抚。《书集传》："周公之在东郊，有师之尊，有保之亲，师教之，保安之，民怀其德。"

6 率：循行。常：常法。

7 乂：安。

[译文]

成王这样说："君陈！你有孝顺恭敬的美德。因为你孝顺父母，又友爱兄弟，（你的美德）就能够移来从政了。我命令你治理东郊成周，你要敬慎呀！从前周公教诲安抚民众，民众怀念他的美德。你前往，要慎重对待你的职务！遵循周公的常道，勉力宣扬周公的教导，民众就会安定。

以上第一段，命令君陈治理成周，勉力宣扬周公之训。

"我闻曰：至治馨香[1]，感于神明；黍稷非馨，明德惟馨。尔尚式时周公之猷训[2]，惟日孜孜，无敢逸豫！凡人未见圣，若不克见；既见圣，亦不克由圣。尔其戒哉！尔惟风[3]，下民惟草。图厥政[4]，莫或不艰[5]；有废有兴，出入自尔师虞[6]，庶言同则绎[7]。尔有嘉谋嘉猷[8]，则入告尔后于内，尔乃顺之于外，曰：'斯谋斯猷，惟我后之德。'呜呼！臣人咸若时，惟良显哉！"

[注释]

1 至治：最好的政治。馨：《诗经·大雅·凫鹥》毛亨传："馨，香之远闻也。""至治"四句，《书集传》："'至治馨香'以下四语，所谓周公之训也。"

2 尚：副词，表示祈使语气。式：用，行。猷：道。训：教。

3 惟：是。《玉篇》："惟，为也。"尔惟风，下民惟草。《孔传》："汝戒勿为常人之行，民从上教而变，犹草应风而偃，不可不慎。"

4 图：谋，治理。

5 莫：无指代词，没有事。艰：艰难。

6 出入：反复。师：众人。虞：商度。《尔雅·释言》："虞，度也。"

7 庶言：众言，众人的意见。绎：寻究深思。《书集

传》："众言既同，则又绅绎而深思之而后行也。""孟子
曰：国人皆曰贤，然后察之。国人皆曰可杀，然后察之。庶
言同则绎之谓也。"

7　猷：《尔雅·释言》"言也。"

[译文]

"我听说：至治之世的馨香，感动神明；黍稷的香气，
不是远闻的香气，明德才是远闻的香气。你要效法周公的这
一教训，日日孜孜不倦，不要安逸享乐！普通人没有见到
圣道，好像不能见到一样；已经见到圣道，又不能遵行圣人
的教导；你要戒惧呀！你是风，百姓是草，草随风而动啊！
谋划殷民的政事，没有一件事不艰难；有废除，有兴办，要
反复同众人商讨，大家议论相同，还要经过深思熟虑才能施
行。你有好谋好言，就要进入宫内告诉你的君王，你于是在
外面顺从君王，并且说：'这样的好谋，这样的好言，是我
们君王的美德。'啊！臣下都像这样，就臣良君显啊！"

以上第二段，告诫君陈施行德政，谨慎行事，集思
广益。

王曰："君陈！尔惟弘周公丕训！无依势作威，无
倚法以削[1]。宽而有制[2]，从容以和[3]。殷民在辟，予曰

辟，尔惟勿辟；予曰宥，尔惟勿宥；惟厥中[4]。有弗若于汝政，弗化于汝训，辟以止辟[5]，乃辟。狃于奸宄[6]，败常乱俗，三细不宥[7]。尔无忿疾于顽，无求备于一夫。必有忍，其乃有济[8]；有容，德乃大。简厥修[9]，亦简其或不修；进厥良，以率其或不良。

"惟民生厚[10]，因物有迁；违上所命，从厥攸好。尔克敬典在德[11]，时乃罔不变。允升于大猷[12]，惟予一人膺受多福[13]，其尔之休[14]，终有辞于永世[15]。"

[注释]

1 倚：凭借，倚恃。无倚法以削，《孔传》："无倚法制以行刻削之政。"

2 宽：宽容。制：法制。

3 从容：举止行动。《楚辞·九章》："孰知余之从容。"王逸注："从容，举动也。"和：和协。

4 中：适中，合理。

5 辟以止辟：《孔疏》："刑罚一人可以止息后犯者。"

6 狃niǔ：习以为常。奸宄guǐ：犯法作乱的人。这里作动词，犯法作乱。

7 三细：指奸宄、败常、乱俗三种罪行中的小罪。宥：赦免。

8　济：成。

9　简：鉴别。修：善良。《文选·思玄赋》"伊中情之信修兮"注："修，善也。"

10　生：通性。厚：淳厚。

11　典：常法。敬典，重视常法。在：省察。《尔雅·释诂》："在，察也。"在德，省察己德。

12　允：信，真的。大猷，大顺。《广雅·释诂》"猷，顺也。"

13　予一人：成王自称。膺yīng：接受。《后汉书·东都赋》："天子受四海之图籍，膺万国之贡珍。"

14　休：美名。

15　辞：言辞，指赞扬。永：长。终有辞于永世，即终能被百世称赞。

[译文]

成王说："君陈！你当弘扬周公的大训！不要倚势造作威恶，不要倚法侵害民众。要宽大而有法制，从容而又和谐。殷民犯了罪，我说处罚，你不要处罚；我说赦免，你也不要赦免；要考虑刑法适中。有人不顺从你的政事，不接受你的教训，处罚可以制止别人犯法，才处罚。惯于奸宄犯法，破坏常法，败坏风俗，这三项中的小罪，也不宽宥。你不要忿恨愚钝无知的人，不要对一人求全责备。一定要有所忍耐，那才能有成；有所宽容，德才算是大。鉴别善良的人，也鉴别有不善良的人；进用那些贤良的人，来勉励那些有所不良的人。

“民性敦厚，又依据外物影响而有改移；往往违背上级的教命，顺从上级的喜好。你能够敬重常法和省察自己的德行，这些人就不会不变。真的升到大顺的境地，我将享受大福，你的美名，终将永远被人赞扬。”

以上第三段，勉励君陈敬德慎罚，感化殷民。

顾　命

清代黄生《义府》卷二说："书以'顾命'名，顾，眷顾也。命大臣辅嗣主，郑重而眷顾之也。"顾命，就相当于今天所说的"遗嘱"。

《顾命》与下篇《康王之诰》具有很高的文化价值，集中反映了周代礼制。《周书》的其他篇章也直接或间接地反映了周代的各种礼制，如分封制、嫡长子制、策命制、崇德报功制、朝会制、祭祀制，但不及这两篇集中和丰富。《顾命》记叙周成王的丧礼，《康王之诰》记叙周康王的即位礼和诸侯的朝觐礼，对于研究中国礼治史有重要的参考价值。

礼是我国古代社会的典章制度和行为规范。礼最早源于祭祀，进入阶级社会以后，原始宗教仪式的礼就演变为维护阶级社会政治秩序和社会秩序的礼制。相传周公"治礼作乐"，对于巩固西周王朝的统治以及加强统治阶级内部的团结发挥了重要作用。周代的礼乐制度对于后世各王朝也产生过深远的影响。儒家特别重视礼，孔子强调礼为政事和立身之本。《大戴礼记·哀公问》记载孔子说："为政先礼。礼者，政之本。"《论语·尧曰》："不知礼，无以立。"春秋时期，礼崩乐坏，孔子孜孜一生就是为了"克己复礼"，而孔子要恢复的"礼"主要就是"周礼"。

成王遗嘱强调"威仪"。"威仪"指礼容，即人的容止之礼。威仪对于周的统治具有非凡意义。周代奉行德治，核心就在于统治者用自身高尚的德行对臣下作出表率，只有统治者自身威仪整饬，才能使臣民遵守礼制。"天子威仪"关乎德治兴废，王朝存亡。

周成王在遗嘱中还强调："敬迓天威，嗣守文、武大训，无敢昏逾。""柔远能迩，安劝小大庶邦。"可以视为周初统治经验的概括，集中反映了"成康之治"的政策和策略理念。

《顾命》内容丰富，叙写详尽，铺排有序。例如，叙写成王丧礼时祖庙的警卫情况，不仅写明卫士站立的不同方位、冠冕和兵器，而且连兵器锋刃的朝向都作了具体说明。《顾命》对于研究早期记叙文创作有重要的参考价值。

惟四月，哉生魄[1]，王不怿[2]。甲子，王乃洮颒水[3]。相被冕服，凭玉几[4]。乃同[5]，召太保奭[6]、芮伯、彤伯、毕公、卫侯、毛公、师氏[7]、虎臣[8]、百尹[9]、御事[10]。

[注释]

1　哉：《尔雅·释诂》："始也。"魄：通"霸"，月光。哉生魄，月亮开始发光，指农历每月的二日或三日。

2　王：指周成王。怿：喜悦。不怿，不喜悦，指生病。

3　洮táo：洗头发。颒huì：洗脸。

4　相：侍从官员，郑玄说："谓太仆。"被：披。冕：王冠。服：朝服。凭：靠着。玉几：用玉镶嵌的几案。

5　同：会见众诸侯叫同。

6　太保奭：就是召公。召公名奭，官为太保。当时召公和芮伯、彤伯、毕公、卫侯、毛公为六卿。召公、毕公、毛公以三公兼卿职。

7　师氏：官名，管理军队的官员。

8　虎臣：守卫王宫的官员。

9　百尹：百官的首长。

10　御事：办事人员。

[译文]

四月，月亮新现光明，成王生了病。甲子这天，成王洗

了头发洗了脸，太仆给王戴上王冠，披上朝服，王靠着玉
几。于是会见朝臣，成王召见太保奭、芮伯、彤伯、毕公、
卫侯、毛公、师氏、虎臣、百官的首长以及办事官员。

王曰："呜呼！疾大渐[1]，惟几[2]。病日臻，既弥
留[3]，恐不获誓言嗣[4]。兹予审训命汝[5]。昔君文王、武王
宣重光[6]，奠丽陈教[7]，则肄肄不违[8]，用克达殷集大命[9]。

[注释]

1 渐：进，加剧。

2 几：危险。

3 弥：时间副词，终。弥留，最终留于人世。

4 誓：谨慎。嗣：后嗣。

5 兹：时间副词，表现在。审：详审。汝：你们，指上
文太保奭等。

6 宣：显扬。重光：重明。这里指文王、武王明上加明
的光辉。

7 奠：定。丽：施。指所施。教：教令。

8 肄：劳苦。《诗经·邶风·谷风》："既诒我肄。"
《毛传》："劳也。"。肄肄：情态副词，努力。

9 达：通"挞"，挞伐，引申为讨伐。集：成就。成就
大命，指建立周王朝。用：因果连词，因此。下文"用敷遗

后人休”“用昭明于天下”“用端命于上帝”的“用”同。

[译文]

王说：“啊！我的病很厉害，有危险，病倒的日子到了。已经是临终时刻，恐怕不能郑重地讲后嗣的事了，现在，我详细地训告你们。过去，我们的先君文王、武王，显扬出日月般的光辉，制定所施，发布教令，臣民都努力奉行，不敢违背，因而能够讨伐殷商，成就我周国的大命（建立王朝）。

“在后之侗[1]，敬迓天威[2]，嗣守文、武大训[3]，无敢昏逾[4]。今天降疾，殆弗兴弗悟[5]。尔尚明时朕言[6]，用敬保元子钊弘济于艰难[7]，柔远能迩[8]，安劝小大庶邦[9]。思夫人自乱于威仪[10]，尔无以钊冒贡于非幾兹[11]！”

既受命，还[12]，出缀衣于庭[13]。越翼日乙丑[14]，王崩[15]。

[注释]

1 侗：《论语·泰伯》“侗而不愿”焦循说：“孔曰：侗，未成器之人，盖为‘僮’字之假借。”在后之侗，成王谦称。

2 迓：迎接，奉行。

3 嗣：继续。

4 昏：昏乱。逾：于省吾以为当为"渝"，变更。

5 殆：程度副词，可译为"几乎"、"差不多"。《经传释词》："殆者，近也；几也；将然之词也。"兴：起。悟：通"寤"。《仓颉篇》："觉而有言曰寤。"引申为说话。

6 尚：语气副词，表示祈使语气，可译为"要""希望"。下文"今予一二伯父尚胥暨顾"的"尚"同。明：勉，努力。时：通"承"，承受。

7 用：目的连词，相当于"以"。下文"用答扬文、武之光训"的"用"同。元子：太子。钊：康王名。弘：《说文·弓部》"弘"字下段玉裁注："经传多假此篆为'宏'"。《尔雅·释诂》"宏，大也。"济：渡过。

8 柔：安定。能：善。

9 劝：教导。

10 夫人：众人。见《淮南子·本经训》注："众人也。"于：介词，介引动作行为凭借的工具，包括抽象意义上的工具。仪：礼。威仪，礼法。

11 以：使。冒：触犯，冒犯。贡：马、郑、王本作"赣gòng"。马融说："赣，陷也。"幾：《小尔雅·广诂》："法也。"。兹：通"哉"。见《尚书正读》。

12 既：《词诠》："时间副词，表过去，已也。""既"主要修饰动词。还：群臣受命而退。

13 缀衣：指冕服。庭：王庭。出缀衣于庭，曾运乾说："王病不能视朝，则出衣于庭，为群臣瞻拜之资也。贾谊云：植遗腹委裘而天下不乱，孟康《汉书注》云：'委裘若容衣，天子未坐朝，事先帝裘衣也。'正是此义。"。

14 越：介词，介引动作行为发生的时间，到了。下文"越七日癸酉"之"越"同。翼日：明天，就是乙丑日。

15 崩：古代天子死叫崩。

[译文]

"后来，幼稚的我，认真奉行天威，继续遵守文王、武王的伟大教导，不敢昏乱改易。如今上天降下重病，几乎不能起床不能说话了。你们要勉力接受我的训诰，认真保护我的大儿子姬钊大渡艰难，安定远方，亲善近邻，安定、教导大小各国。我想众人必用礼法自治，你们不可使姬钊言行冒犯以陷于非法啊！"

群臣已经接受教命，就退回来，拿出成王的朝服放在王庭。到了明天乙丑日，成王逝世了。

以上第一段，记叙群臣接受成王的顾命。

太保命仲桓、南宫毛俾爰齐侯吕伋[1]，以二干戈[2]、虎贲百人逆子钊于南门之外[3]。延入翼室[4]，恤宅宗[5]。丁卯，命作册度[6]。越七日癸酉，伯相命士须材[7]。

[注释]

1 仲桓、南宫毛：都是人名。俾：《尔雅·释诂》：
"从也。"爰：于。齐侯吕伋：太公吕尚的儿子，就是
丁公。

2 以：介词，率领。二干戈：当是仲桓和南宫毛所执。

3 逆：迎接。江声说："王既崩，世子犹在外，世子盖
以王未疾时奉使而出，比反而王崩。忧危之际，故以兵迎之
于南门之外云。"

4 延：请。翼室：路寝旁室，侧室。

5 恤宅：忧居。宗：主。恤宅宗，指太子钊忧居侧室主
持丧事。

6 作册：官名，就是太史。度：《说文·又部》："法
制也。"这里指制定丧仪的法则。

7 伯相：孙星衍认为指辅相王室的二伯召公、毕公。
须：江声《尚书集注音疏》："当为'颁'，字之误也。"
颁，布。材：指陈列的器物。

[译文]

太保命令仲桓和南宫毛跟从齐侯吕伋，二人分别拿着一
干一戈，率领一百名勇士，到南门外迎接太子钊。请太子

钊进入侧室忧居，作丧事之主。丁卯这天，命令作册制定丧礼。到了第七天癸酉日，召公、毕公命令官员布置各种器物。

狄设黼扆、缀衣[1]。牖间南向[2]，敷重篾席[3]，黼纯[4]，华玉[5]，仍几[6]。西序东向[7]，敷重底席[8]，缀纯[9]，文贝[10]，仍几。东序西向[11]，敷重丰席[12]，画纯[13]，雕玉，仍几。西夹南向[14]，敷重笋席[15]，玄纷纯[16]，漆，仍几。

[注释]

1　狄：主持祭礼的官员。黼扆fǔyǐ：安放在王位后面饰有斧形花纹的屏风。

2　牖yǒu间：门窗之间。

3　敷：铺设。重：双层。篾席：竹席。

4　黼：黑白相间。纯zhǔn，边。郑玄说："纯，缘也。"黼纯，黑白相间的花边。

5　华玉：五色玉。

6　仍几：没有油漆装饰的几。《周礼·司几筵》："凡吉事，变几；凶，仍几。"郑玄"仍几"注："仍，因也，因其质，谓无饰也。"

7　序：堂上的东西墙叫序。西序，在西边的叫西序。

8　底：郑玄说："致也。"细致。底席：细竹篾制的席子。

9　缋：饰，谓画饰。缋纯，彩色画着的花边。

10　文贝：有花纹的贝。

11　东序：堂的东墙。

12　丰席：莞guān草编的席子。

13　画纯：席边画着云气状的五彩镶边。

14　西夹：堂西边的夹室。

15　笋席：青竹皮编织的席。

16　玄纷纯：黑丝带装饰的花边。

[译文]

　　狄人陈设斧纹屏风和先王的礼服。门窗间朝南的位置，铺设着双层竹席，装饰着黑白相间的丝织花边，陈设彩玉，用没有漆饰的几案。在西墙朝东的位置，铺设双层细竹篾席，装饰着彩色的花边，陈设花贝壳，用没有漆饰的几案。在东墙朝西的位置，铺设双层莞席，装饰着绘有云气的花边，陈设雕刻的玉器，用没有漆饰的几案。在堂的西边夹室朝南的位置，铺设双层青竹篾席，饰着黑丝绳连缀的花边，陈设漆器，用没有漆饰的几案。

　　越玉五重[1]，陈宝[2]，赤刀[3]，大训[4]，弘璧[5]，琬琰[6]，在西序。大玉[7]、夷玉[8]、天球[9]、河图[10]，在东序。胤之舞衣[11]、大贝、鼖鼓[12]，在西房；兑之戈、和之弓、垂之竹矢[13]，在东房。

大辂在宾阶面[14]，缀辂在阼阶面[15]，先辂在左塾之前[16]，次辂在右塾之前[17]。

[注释]

1 越玉：越地出产的玉。五重：五种。"越玉五重"与下文"陈宝"语倒。

2 陈宝：陈列宝器。

3 赤刀：郑玄说："武王伐纣时刀，赤为饰，周正色也。"

4 大训：记载先王训诫的典籍。

5 弘璧：大璧。

6 琬wǎn：圆顶圭。琰yǎn：尖顶圭。

7 大玉：华山出产的美玉。

8 夷玉：东北出产的美玉。

9 天球：玉磬。

10 河图：就是地图。曾运乾说。

11 胤：制舞衣者的名字。

12 鼖fén：大鼓，古代的一种军鼓。

13 兑、和、垂：都是作器者的名字。

14 辂lù：国君乘坐的车子。一作"路"。《周礼》巾车掌王之五路：玉路、金路、象路、革路、木路。大辂：就是玉辂，用玉装饰的车。宾阶：宾客站立的台阶，就是西阶。

　　15　缀辂：即金辂。马融说。用金属装饰的车。阼阶：主人站立的台阶，就是东阶。

　　16　先辂：即象辂，用象骨装饰的车。塾：门侧堂屋。

　　17　次辂：即木辂，木质没有装饰的车。马融说。

[译文]

　　越玉五种，陈列宝器、赤刀、大训、大璧、琬、琰，陈列在西墙向东的席前。大玉、夷玉、天球、河图，陈列在东墙向西的席前。胤制作的舞衣、大贝壳、大军鼓，陈列在西房。兑制作的戈、和制作的弓、垂制作的竹矢，陈列在东房。

　　王的玉车放置在西阶前，金车放置在东阶前，象车放在门左侧堂屋的前面，木车放在门右侧堂屋的前面。

　　二人雀弁[1]，执惠[2]，立于毕门之内[3]。四人綦弁[4]，执戈上刃[5]，夹两阶戺[6]。一人冕[7]，执刘[8]，立于东堂。一人冕，执钺[9]，立于西堂。一人冕，执戣[10]，立于东垂[11]。一人冕，执瞿，立于西垂。一人冕，执锐[12]，立于侧阶[13]。

[注释]

1 弁：帽子。雀弁，郑玄说："赤黑曰雀，言如雀头色也。雀弁制如冕，黑色，但无藻耳。"赤黑色的帽子。

2 惠：三角矛。

3 毕门：祖庙门。

4 綦qí：青黑色。

5 上刃：刃向前。《书集传》："刃外向。"

6 阤shì：阶旁的斜石。

7 冕：比雀弁高级的礼帽。凡言冕者都是大夫。

8 刘：斧一类兵器。

9 钺：大斧。

10 戣kuí：与下句的"瞿"，都是三锋矛。

11 垂：堂的侧边，就是堂廉。

12 锐：矛一类的武器。

13 侧阶：北堂北下阶。

[译文]

　　二人戴着赤黑色的礼帽，执三角矛，站在祖庙门里边。四人戴着青黑色的礼帽，执着戈，戈刃向前，夹着台阶对面站在台阶两旁。一人戴着礼帽，拿着大斧，站立在东堂的前面。一人戴着礼帽，拿着大斧，站立在西堂的前面。一人戴着礼帽，拿着三锋矛，站立在东堂外边。一人戴着礼帽，拿着三锋矛，站立在西堂外边。还有一人戴着礼帽，拿着矛，站立在北堂北面的台阶上。

王麻冕黼裳[1]，由宾阶隮[2]。卿士邦君麻冕蚁裳[3]，入即位[4]。太保、太史、太宗皆麻冕彤裳[5]。太保承介圭[6]，上宗奉同瑁[7]，由阼阶隮[8]。太史秉书[9]，由宾阶隮，御王册命[10]。曰："皇后凭玉几[11]，道扬末命[12]，命汝嗣训[13]，临君周邦[14]，率循大卞[15]，燮和天下[16]，用答扬文、武之光训[17]。"王再拜，兴[18]，答曰："眇眇予末小子[19]，其能而乱四方以敬忌天威[20]！"

[注释]

1　王：周康王。麻冕：麻制的礼帽。黼裳：绣着斧形花纹的礼服。

2　隮jī：升上。康王当时没有即位，太保代成王居主位，康王居宾位，所以康王由宾阶升上。

3　蚁裳：色黑如蚁的礼服。

4　位：中庭左右叫位。即位，就位。卿士在中庭之东，向西站着；诸侯在中庭之南，向北站着。"入即位"为连动结构。

5　太宗：大宗伯。太保主持册命，太宗协助他。彤裳：红色的礼服。

6 承：捧着。介圭：大圭。

7 上宗：就是太宗。同：酒杯。瑁：一种玉器。《考工记》：“天子执瑁四寸以朝诸侯。”介圭和瑁都是天子的吉祥信物，所以献给康王。

8 阼阶：东阶，与宾阶相对，是主阶。太保当时代替成王，太宗是太保的助手，所以都从主阶升上。

9 秉：拿着。书：所写成王顾命的册书。

10 御：迎接，进。御王册命，进册命给王。

11 皇：大。皇后：大王。指成王。

12 扬：道。道扬，讲说。末命：临终之命。

13 训：指文王、武王的大训。

14 临：治理。君：用作动词，领导的意思。

15 卞：法。

16 燮：《尔雅·释诂》：“和也。”

17 答：对。《广雅·释诂》：“对，扬也。”光训：明训。

18 兴：起来。

19 眇眇：微小貌。末：微末。自谦之词。

20 其：《词诠》：“反诘副词，岂也。‘其’、‘岂’音近，古文二字互通。”可译为“难道”、“怎么”。而：通“胹”，和。见《尚书易解》。乱：治理。忌：畏。

[译文]

周康王戴着麻制的礼帽，穿着绣有斧形花纹的礼服，从西阶上来。卿士和众诸侯戴着麻制的礼帽，穿着黑色礼服，进入中庭各就各位。太保、太史、太宗都戴着麻制的礼帽，穿着红色礼服。太保捧着大圭，太宗捧着酒杯和瓒，从东阶上来。太史拿着册书，从西阶走上来，进献策书给康王。太史说："大王靠着玉几，宣布他临终的教命，命令您继承文王、武王的大训，治理领导周国，遵守大法，协和天下，以宣扬文王、武王的光明教训。"王再拜，然后起来，回答说："我这个微末的小子，怎么能协和治理天下以敬畏天威啊？"

乃受同瑁[1]，王三宿[2]，三祭[3]，三咤[4]。上宗曰："飨[5]！"太保受同[6]，降，盥[7]，以异同秉璋以酢[8]。授宗人同[9]，拜[10]。王答拜。太保受同，祭，哜，宅[11]，授宗人同，拜。王答拜。太保降[12]，收[13]。诸侯出庙门俟[14]。

[注释]

1 乃受同瑁：蒙下文省略主语康王。

2 宿：进。

3 祭：祭酒，把酒洒在地上。

4 咤zhà：放下酒爵。

5 飨：饮。上宗劝王饮酒。

6 太保受同：太保接受了酒杯。

7 盥：洗手。

8 以：介词，用。异同：另一种酒杯，就是璋。璋：大臣所用的酒器，用来斟酒。以：连词，表承接关系。酢：酌酒回敬。《仓颉篇》说："客报主人曰酢。"古代礼节，主人献酒，宾当酌酒回敬主人；主人给尊者献酒，不敢受尊者的回敬，就酌酒自酢。这里是说太保自酌自酢，册命以后，康王已经即位，所以太保采用臣子之礼。

9 宗人：大宗伯的助手。

10 拜：太保拜。

11 哜jì：尝。宅：通"咤"，放下酒爵。

12 太保降：太保从堂上下来。王国维说："此云太保降，知太保自酢在堂上也，不言王与太宗太史降者，略也。"

13 收：收束。谓册命之礼结束。

14 诸侯：泛指诸侯卿士等。俟：等待。等待康王出来会见。

[译文]

王接受了酒杯和瑁。王前进三次，祭酒三次，奠酒三次。太宗说："请喝酒！"王喝酒后，太保接过酒杯，走下堂，洗手，又登上堂，用另外一种酒杯自斟自饮作答，然后把酒杯交给宗人，对王下拜。王也回拜。太保又从宗人那里接过酒杯，祭酒，尝酒，奠酒，然后把酒杯交给宗人，又拜。王又回拜。太保走下堂，行礼结束。诸侯卿士们都走出祖庙门，等候康王视朝。

以上第二段，记叙太子钊接受册命的仪式。

康王之诰

　　康王，成王的儿子。康王接受顾命，已经成为周天子。群公诸侯朝见献辞，王致答辞。因主要内容是康王的诰命，名叫《康王之诰》。

　　《康王之诰》反映周代的分封制。周初分封同姓和异姓功臣为诸侯，充当王室的护卫屏障，对于周王朝的稳定和兴衰都发挥了至关重要的作用。分封是上天的旨意，先王分封，是代行天命。周王室的王是天子，地位尊贵。天子有权与上天直接沟通，而诸侯没有，诸侯接受天命必须经过周王的中介。

　　《康王之诰》反映周初政治制度多承于商制。周康王所称侯、甸、男、卫四种诸侯爵位，结合甲骨文材料可知，其雏形在商代就已出现，有些已经臻于成熟。孔子说："周因于殷礼，所损益，可知也。"于此可证。

王出，在应门之内[1]，太保率西方诸侯入应门左[2]，毕公率东方诸侯入应门右[3]，皆布乘黄朱[4]。宾称奉圭兼币[5]，曰："一二臣卫敢执壤奠[6]。"皆再拜稽首。王义嗣[7]，德答拜[8]。

[注释]

1 应门：周制，天子五门，从外至内依次为皋门、库门、雉门、应门、路门。宗庙在应门之内、路门之外。《尚书故》："诸侯出庙，在应门外；王出庙，在应门内。"

2 太保：召公。当时为西伯，是西方诸侯之长，所以他率领着西方诸侯。

3 毕公：当时为东伯，是东方诸侯之长，所以他率领着东方诸侯。

4 布乘：《白虎通》作"黼黻fǔfú"，当作"黼黻"，诸侯的礼服。黄朱：指韨fú。诸侯礼服上的蔽膝叫韨，韨是黄朱色。这里是用颜色代指事物。《诗经·小雅·斯干》"朱芾斯皇"郑玄笺："芾者，天子纯朱，诸侯黄朱。"布乘黄朱，《尚书易解》："黼黻者衣之文，黄朱者韨之色，此文黼黻指衣，黄朱指韨，古史修辞之法也。"

5 宾：通"傧"，接待诸侯和赞礼的官员。《周礼·秋官·小行人》："凡四方之使者，大客则摈。"郑玄注：
"摈者，摈而见之王，使得亲言也。"圭：命圭。《考工
记·玉人》注："命圭者，王所命之圭也，朝觐执焉。"
币：贡物。

　　6 臣卫：蕃卫的臣仆，诸侯自谦之词。敢：表敬副词，
可不译。壤：指土壤所产，等于今天说土产。奠：献。

　　7 义嗣：黄式三《尚书启蒙》："义嗣，礼辞也。经传
言礼辞者，以礼辞之，不坚辞也。辞、词古通用。转写作
嗣。"

　　8 德：《说文·彳部》："升也。"德答拜，王礼辞之
后，又升位答拜。

　　[译文]

　　王走出祖庙，来到应门内。太保召公率领西方的诸侯进
入应门左侧，毕公率领东方的诸侯进入应门的右侧，他们都
穿着绣有花纹的礼服和黄朱色的蔽膝。赞礼的官员传呼进献
命圭和贡物，诸侯走上前，说："一二个王室的护卫向王奉
献土产。"诸侯都再拜叩头。王依礼辞谢，然后升位答拜。

　　以上第一段，群公诸侯朝见康王。

　　太保暨芮伯咸进[1]，相揖，皆再拜稽首。曰："敢敬
告天子，皇天改大邦殷之命，惟周文武诞受羑若[2]，克

恤西土³。惟新陟王毕协赏罚⁴，戡定厥功⁵，用敷遗后人休⁶。今王敬之哉！张皇六师⁷，无坏我高祖寡命⁸！"

[注释]

1　暨：介词，杨树达说："暨，介词，及也。"咸：同。

2　羞yǒu：《说文·羊部》："羞，进善也。"引申为善。若：也是善。羞若，等于说福祥。

3　恤：安。见《汉书·韦元成传》注。

4　陟：《竹书纪年》记帝王辞世都说"陟"。毕：尽，完全。协：和，适。协赏罚，使赏罚适宜。

5　戡：克，能够。

6　敷：普遍。

7　张皇：张大，加强。六师：六军。这里泛指军队。

8　无：通"毋"，不要。寡：大。参《康诰》篇"乃寡兄勖"。寡命，大命。高祖：指周文王。

[译文]

太保召公和芮伯同走向前，互相作揖后，同向王再拜叩头。他们说："恭敬地禀告天子，伟大的天帝更改了大国殷的命运，我们周国的文王、武王大受福祥，能够安定西方。新逝世的成王，赏罚完全合宜，能够成就文王、武王的功业，因此把幸福普遍地留给我们后人。现在王要敬慎啊！要加强王朝的六军，不要败坏我们高祖的大命！"

以上第二段，群公诸侯进戒康王之词。

王若曰："庶邦侯甸男卫[1]！惟予一人钊报诰[2]，昔君文武丕平[3]，富不务咎[4]，底至齐信[5]，用昭明于天下。则亦有熊罴之士，不二心之臣，保义王家[6]，用端命于上帝[7]。

[注释]

1 侯甸男卫：指侯甸男卫的诸侯。

2 报：答复。江声说："报，犹'复'也。"

3 丕：程度副词，很，大大地。昔君文武丕平，按当句绝，《墨子·兼爱下》："'古有文武，为政均分，赏贤伐暴，勿有亲戚兄弟之所阿'，此'丕平'之事也。"

4 富：《说文·宀部》："厚也。"仁厚。咎：过失，刑罚。

5 底：致。至：行，施行。见《礼记·乐记》注。齐：《尔雅·释言》："中也。"齐信即《孔传》"中信之道"。

6 保义：安治。

7 用：因而。端：始，才，表动作行为在某条件下发生。于：介词，介引动作行为的施动者。

[译文]

　　王这样说："侯、甸、男、卫的各位诸侯！现在我姬钊答复你们的教导。先君文王、武王很公平，仁厚慈爱，不滥施刑罚，致力施行中信，因而光辉普照天下。还有像熊罴一样勇武的将士，忠贞不渝的大臣，安定治理我们的国家，因此，才被上帝加以任命。

　　"皇天用训厥道，付畀四方[1]。乃命建侯树屏[2]，在我后之人[3]。今予一二伯父尚胥暨顾，绥尔先公之臣服于先王[4]。虽尔身在外[5]，乃心罔不在王室，用奉恤厥若[6]，无遗鞠子羞[7]！"

[注释]

　　1 付畀：给予，赐予。

　　2 建侯：分封诸侯。树屏：树立藩屏，即树立保卫力量。

　　3 在：《尔雅·释诂》："察也。"眷顾。王念孙说："在，谓相顾在也。言先王命建侯树屏，以顾在后之子孙也。"

　　4 伯父：天子称同姓诸侯为伯父。尚：庶几。胥：互相。暨：按当读为"愍"，与。胥暨，胥与，相与，共同。

5　绥：通"缕"，继承。这句话是勉励诸侯继承先祖美德，继续履行对王室的职责。王引之说。

6　外：指朝廷外。奉：助。见《淮南子·说林训》注。恤：忧念。若：善。

7　鞠子：稚子，康王自称。

[译文]

"上天顺从先王的治理之道，把天下交给先王。先王于是命令分封诸侯，树立蕃卫，眷顾我们后代子孙。现在，我们几位伯父希望你们互相爱护顾念，继续如你们的祖先臣服于先王。虽然你们身在朝廷之外，你们的心不可不在王室，要辅助我得到吉祥，不要把羞辱留给我！"

以上第三段，康王答群臣诸侯之词。

群公既皆听命[1]，相揖，趋出。王释冕[2]，反[3]，丧服[4]。

[注释]

1　群公：指三公和诸侯群臣。

2　释：解去，脱下。释冕，谓脱下吉服。

3　反：通"返"，返回守丧的侧室。

4 丧服：作动词，穿上丧服。

[译文]

众位大臣都听完了诰命，互相作揖，快步走出。康王脱去吉服，返回居丧的侧室，穿上丧服。

以上第四段，记礼成之事。

毕 命

　　殷民移居成周，经过周公和君陈的相继治理，多数已经服从周王朝统治。尽管如此，"商俗靡靡，利口惟贤，余风未殄"，治理好殷民仍然是周王朝的重要任务。君陈去世后，周康王册命四朝元老毕公继续治理成周。史官记叙了这件事，称为《毕命》。

　　《毕命》主要强调社会风气对政教的重要性。周康王意识到"政由俗革"的道理，要求毕公对殷商遗民"旌别淑慝，表爵宅里，彰善瘅恶，树之风声"。只有树立良好的社会风尚，伸张正义，才能使政治清明，国家太平。周康王指明"政贵有恒，辞尚体要，不惟好异"，告诫毕公要通过有恒之政、体要之辞来移风易俗，使商地民风归于纯朴。

　　"辞尚体要"对中国古代文论也产生了深远的影响。齐梁时期，文风趋于浮靡。刘勰力图扭转这种不良文风，从经典中寻找依据，将"辞尚体要"作为对文章体制的要求。《文心雕龙》的《征圣》说："《易》称'辩物正言'，《书》云'辞尚体要，弗为好异'；故知正言所以立辩，体要所以成辞，辞成无好异之尤，辩立有断辞之美。"《序志》说："盖《周书》论辞，贵乎体要;尼父陈训，恶乎异端。辞训之异，宜体于要。于是搦笔和墨，乃始论文。"

文风与政风息息相关。孔门四科：德行、言语、政事、文学。言语和政事赫然在目，孔子认为言语和政事之间存在密切关联。所以，纠正文风其实也就是纠正世风。

惟十有二年六月庚午，朏¹。越三日壬申，王朝步自宗周²，至于丰³，以成周之众，命毕公保釐东郊⁴。

[注释]

1 十有二年：指周康王即位的第十二年。庚午：庚午日。朏fěi：新月初放光明。

2 宗周：指镐京。

3 丰：文王时的王都，有文王庙。《孔传》："丰，文王所都。"陈大猷说："古者封诸侯，命德赏功，必于祖庙，示不敢专，重其事也。"

4 保，安抚。釐：治理。

［译文］

　　周康王十二年六月庚午日，月亮新放光明。到了第三天壬申日，康王早晨从镐京行至丰邑，把成周的民众，册令太师毕公安抚，治理王都东郊。

　　以上第一段，史官记事之辞。

　　王若曰："呜呼！父师¹，惟文王、武王敷大德于天下，用克受殷命。惟周公左右先王，绥定厥家，毖殷顽民²，迁于洛邑，密迩王室，式化厥训³。既历三纪⁴，世变风移，四方无虞⁵，予一人以宁。道有升降⁶，政由俗革，不臧厥臧⁷，民罔攸劝。惟公懋德，克勤小物⁸，弼亮四世⁹，正色率下，罔不祗师言。嘉绩多于先王¹⁰，予小子垂拱仰成¹¹。"

［注释］

　　1　父师：官名，指毕公。当时毕公居太师之官。《书集传》："毕公代周公为太师也。"胡士行说："父者，同姓之尊者也。"

　　2　毖：告诫。

　　3　式：用。化：改变。训：教训，指礼教。

　　4　纪：纪年单位。《孔传》："十二年曰纪。"《孔疏》："周公以摄政七年营成周，成王元年迁殷顽民，成王在位之年，虽未知其实，当在三十左右，至今应三十六年，是殷民迁周，已历三纪。"

5 虞：忧虑。

6 道：世道。升降：等于说好坏。《书集传》："有升有降，犹言有隆有污也。周公当世道方降之时，至君陈、毕公之世，则将升于大猷矣。"

7 臧：善。前为动词，褒奖，后为名词，善人善事。

8 小物：小事。《孔疏》："能勤小事则大事必能勤矣。故举能勤小事以为毕公之善。"

9 弼亮：辅佐。弼亮四世，《孔传》：毕公"辅佐文、武、成、康，四世为公卿。"

10 多：重视。多于先王，嘉绩被先王所重视。

11 垂拱：垂衣拱手。仰成：仰仗成功。

[译文]

康王这样说："啊！父师。文王、武王行大德于天下，因此能够承受殷的王命。周公辅助先王安定国家，告诫殷商顽民，迁徙到洛邑，使他们接近王室，因此改变他们的礼教。自从迁徙以来，已经过了三纪。人世变化，风俗转移，今四方没有忧患，我因此感到安宁。治道有起有落，政教也随着风俗改革，若不善用贤能，民众将无所劝勉仰慕。我公盛德，能够勤勉小事，辅助过四代君王，严正地率领下属，臣下没有人不敬重师训。你的美好功绩被先王所重视，我小子只是垂衣拱手仰仗成功罢了。"

以上第二段，康王赞美毕公治理国家的成绩。

王曰："呜呼！父师。今予祗命公以周公之事，往哉！旌别淑慝[1]，表厥宅里[2]，彰善瘅恶，树之风声。弗率训典，殊厥井疆[3]，俾克畏慕[4]。申画郊圻[5]，慎固封守，以康四海。政贵有恒，辞尚体要[6]，不惟好异。商俗靡靡[7]，利口惟贤，余风未殄[8]，公其念哉！

"我闻曰：'世禄之家，鲜克由礼。'以荡陵德，实悖天道。敝化奢丽[9]，万世同流。兹殷庶士，席宠惟旧[10]，怙侈灭义[11]，服美于人。骄淫矜侉[12]，将由恶终。虽收放心，闲之惟艰[13]。资富能训[14]，惟以永年。惟德惟义，时乃大训；不由古训，于何其训？"

[注释]

1 旌别：识别。淑慝tè：善恶。

2 表：标记。表厥宅里，如同后世的旌表，对所谓忠孝节义的人，用立牌坊、赐匾额的方法加以表扬。

3 殊：异。这里意思是分别、区别。区别其井田居界。井：古制八家为井，引申为乡里家宅。疆：界。殊厥井疆，《孔疏》说："不循道教之常者，其人不可亲近，与善民杂居，或染善为恶。故殊其井田居界，令民不与往来，犹今下民有大罪过，不肯服者则摈出族党之外，吉凶不与交通，此之义也。"

4　俾：使。畏慕：畏惧为恶之祸，羡慕为善之福。

5　画：划分。郊：邑外界域。圻：同畿，国之中。

6　尚：崇尚。体要：体现精要。《孔疏》说："言辞尚其体实要约。"

7　靡靡：奢侈华丽。

8　殄tiǎn：断绝、灭绝。

9　敝化：腐败的风俗。丽：靡丽。《汉书·司马相如传下》集注引张揖说："丽，靡也。"

10　席：《汉书·刘向传》颜师古注："席，犹因也；言若人之坐于席也。"宠：尊宠的位置。旧：久。

11　怙：凭仗。侈：大，指强大。灭义：轻视德义。

12　骄淫：骄横，放荡。侉kuā：通"夸"，夸大。矜jīn侉，就是夸耀自己的长处。

13　闲：《说文》："阑也。"引申为防制、约束。

14　资：资财。训：通"顺"。

[译文]

康王说："啊！父师。现在我把周公的重任敬托给您啊，毕公您前往吧！您当识别善和恶，标志善人所居的乡里，表彰善良，斥责邪恶，树立好的风气。有不遵循教训和常法的，就变更他的井田界域，使他能够明白荣辱祸福。要重新划分郊圻的畛界，认真加固封疆守备，以安定四海。为政贵在有常，言辞崇尚体实简要，不要追求奇异。商地旧俗喜好侈靡，以巧辩为贤，余风至今没有断绝，我公要考虑呀！

"我听说：'世代享有禄位的人家，很少能够遵守礼法。'他们以放荡之心，轻蔑德义，实在是悖乱天道。腐败的风俗崇尚奢侈华丽，万世相同。如今殷商众士，处在宠位已经很久，凭仗强大，灭绝德义，穿着华美过人。他们骄恣矜夸，将会以恶自终。虽然收敛了放恣之心，但防制他们还是难事。资财富足而能顺从教化，可以长久。行德行义，这就大顺了；若不用古训教导，到何时才会顺从呢？"

以上第三段，周康王劝勉毕公教化殷民，说明具体方法。

王曰："呜呼！父师。邦之安危，惟兹殷士。不刚不柔，厥德允修。惟周公克慎厥始[1]，惟君陈克和厥中，惟公克成厥终。三后协心，同底于道[2]，道洽政治，泽润生民。四夷左衽[3]，罔不咸赖，予小子永膺多福。公其惟时成周[4]，建无穷之基，亦有无穷之闻[5]。子孙训其成式，惟乂。呜呼！罔曰弗克，惟既厥心[6]，罔曰民寡，惟慎厥事。钦若先王成烈[7]，以休于前政[8]！”

[注释]

1 始：与下文"中""终"，指教化治理殷民的不同阶段。

2 厎：致，致力。《诗经·小雅·祈父》："靡所厎止。"《毛传》："厎，至也。"道：通"导"，教导。

3 四夷：东夷、西戎、南蛮、北狄的总称，古代指华夏民族以外的各少数民族。衽：衣襟。左衽，我国古代有些民族的衣服，前襟向左掩，与中原人民前襟向右的不同，所以用左衽来指代某些少数民族。

4 其：副词，表示劝勉语气。惟时：以是，以此。

5 闻：令闻，好名声。

6 既：尽。惟既厥心，《孔传》："人之为政，无曰不能，惟在尽其心而已。"

7 若：善，治好。烈：功。见《国语·晋语》"君骄泰而有烈"韦昭注。成烈：盛业。

8 以：使。休：美。前政：指周公、君陈的政绩。

[译文]

康王说："啊！父师。我国的安危，就在于这些殷商众士。不刚不柔，那德政一定能够实行。开初，周公能够谨慎对待；中间，君陈能够使他们和谐；最后，我公当能够成功。三君合心，共同致力于教导，教导普遍了，政事治理了，就能润泽民众。四方各族披发左衽的民众，没有不依赖你的，我小子也会久享大福。我公当治理好成周，建立无穷的基业，也会有无穷的美名。后世子孙顺从我公的成法，天下就安定了。啊！不要说做不到，当尽自己的心；不要说百姓少，当慎行政事。恭敬地治理好先王的大业，使它比前人的政绩更美好吧！"

　　以上第四段，康王勉励毕公尽心教导殷民，治理好先王的事业。

君 牙

君牙，人名。周穆王任命君牙担任大司徒，史官记录穆王的册书，名篇为《君牙》。

在册命中，周穆王论述了敷典、正身、思艰、安民的治国大法，对于研究西周政治制度史和思想史有参考价值。

《君牙》反映了周代以来的世袭观念。穆王首先追述君牙祖辈父辈世代为周忠臣，建立了功勋，接着讲到他自己继承先王的事业，也希望有良臣辅佐，随后提出希望君牙能像祖辈父辈一样为王室服务。穆王指出君牙"缵乃旧服"，是世袭祖上旧职，履行好这一职务正是君牙的本分，只有这样才能"无忝祖考"。祖宗观念与世袭制度相辅相成，成为周代政治的重要内容。

穆王对君牙的告诫主要还是在于敬德保民。其中，"尔

身克正，罔敢弗正，民心罔中，惟尔之中。"与《论语》
"子帅以正，孰敢不正"的论述十分相近，都是强调统治者
自身要做臣属的表率。周代德治正是在一系列垂范中完成
的；王对诸侯的垂范，王对大臣的垂范，诸侯与大臣对民众
的垂范，先祖对后人的垂范，等等。这种层层垂范的政治模
式，成为儒家的重要理论来源。

　　王若曰："呜呼！君牙，惟乃祖乃父，世笃忠贞[1]，
服劳王家，厥有成绩，纪于太常[2]。惟予小子，嗣守文、
武、成、康遗绪[3]，亦惟先王之臣，克左右乱四方[4]，心
之忧危，若蹈虎尾，涉于春冰[5]。

［注释］

　　1　笃：纯厚。忠：忠实。贞：正。

　　2　太常：旗名。《孔传》："王之旌旗画日月曰太
常。"古代有大功的要写在太常旗上。《周礼·司勋》：
"凡有功者，铭书于王之太常，祭于大烝，司勋诏之。"郑
玄注："铭之言名也。生则书于王旌以识其人与其功也。"

　　3　绪：业。遗绪，前人遗留下来的功业。

　　4　惟：思。先正：阮元说："此正字当属王字之讹。"
左右：辅助。

　　5　涉：徒步过水。《说文·水部》："涉，徒行厉水

也。"《书集传》："若蹈虎尾，畏其噬；若涉春冰，畏其陷。言忧危之至，以见求助之切也。"

[译文]

穆王这样说："啊！君牙，你的祖辈和你的父辈，世世纯厚忠正；效劳王室，很有成绩，记录在太常旗上。我这个年轻人继守文王、武王、成王、康王的遗业，也希望先王的臣子能够辅助我治理四方。我心里的忧虑危惧，就像踩着虎尾巴，就像行走在春天的薄冰上。

以上第一段，穆王请求君牙协助，解除自己的忧危。

"今命尔予翼¹，作股肱心膂，缵乃旧服²，无忝祖考！弘敷五典³，式和民则⁴，尔身克正，罔敢弗正；民心罔中⁵，惟尔之中⁶，夏暑雨，小民惟曰怨咨⁷，冬祁寒⁸，小民亦惟曰怨咨。厥惟艰哉⁹！思其艰以图其易¹⁰，民乃宁。

呜呼！丕显哉！文王谟¹¹；丕承哉！武王烈¹²。启佑我后人，咸以正罔缺。尔惟敬明乃训¹³，用奉若于先王。对扬文武之光命¹⁴，追配于前人¹⁵。"

[注释]

1 予翼：宾语前置，即翼予，辅佐我。

2 缵zuǎn：继承。《诗经·豳风·七月》："载缵武功。"《毛传》："缵，继。"旧服：旧日的行事，这里指祖先的旧职。

3 敷：布。五典：即五常，指父义、母慈、兄友、弟恭、子孝五种常教。

4 式：用。则：法则。

5 中：中正之道，标准。《书集传》："中，以心言，欲其所存无邪思也。"

6 惟：思念。

7 惟：只是。

8 祁：大。祁寒，大寒大雪。《孔疏》："上言暑雨此不言寒雪者，于上言雨以见之，互相备也。"

9 厥：句首语气助词，无义。惟：为，是。此句叹小民生活真是艰难。

10 易：治理，这里指治理的方法。《诗经·小雅·甫田》"禾易长亩"毛亨传："易，治也。"思其艰以图其易，考虑他们的艰难之处，而谋求治理的方法。

11 谟：谋。《孔疏》说："文王未克殷，始谋造周，故美其谋。"

12 烈：业。《孔疏》说："武王以杀纣功成业就，故美其业。"

13 乃训：你的教训，指司徒主管五典的教化。

14　对：答。扬：颂扬。光命：光显的福命，这里或指文王的谋略，武王的功业。

15　配：匹配，相等。这里是并美的意思。前人：指君牙的祖辈和父辈。追配于前人，王充耘说："前王成、康用尔祖父为司徒，故能对扬文、武光命，而不坠其治民之法。今汝能不失成、康之意，则与祖父无异矣。"

［译文］

"现在我命令你辅助我，做我的心腹重臣，承袭你祖先的旧职，可不要辱没你的祖辈和父辈！普遍传布五常的教育，用为和谐民众的准则。你自身正，民众不敢不正；民心没有标准，只考虑你的标准。夏天酷暑大雨，小民只是怨恨嗟叹；冬天严寒大寒，小民也只是怨恨嗟叹。民众的生活确实是艰难呀！你要想到他们的艰难，因而谋求那些使他们摆脱艰难的治理办法，民众才会安宁。

"啊！伟大而光明呀，我们文王的谋略！伟大而相承呀，我们武王的功业！它可以启示佑助我们后人，使我们都依从正道而没有缺失。你当恭敬地宣扬你的五教，以此恭顺于先王。你当报答、颂扬文王和武王光明的教导，追求并媲美于前人。"

以上第二段，穆王告诫君牙宣扬五教，重视民艰，追配前贤。

王若曰：“君牙！乃惟由先正旧典时式¹，民之治乱在兹²。率乃祖考之攸行，昭乃辟之有乂³。”

[注释]

1　由：施行。先正：同上文“前人”，指君牙的祖辈和父辈。时：《广雅·释诂》：“善也。”时式，善法。

2　兹：这，指旧典善法。大司徒主管国家的教化。教化行，天下大治；教化不行，天下大乱。所以，民众的治乱都在这里。

3　昭：通“诏”，指导。乃辟：你的君主，穆王自指。

[译文]

穆王这样说：“君牙！你当奉行你祖辈父辈的旧典善法，民众治乱的关键，就在这里。你当遵循你祖辈父辈的行为，指导你君主的治道。”

以上第三段，穆王勉励君牙奉行前人法式，辅助君王治政。

冏 命

冏 jiǒng 指伯冏，周穆王的大臣。穆王任命他为太仆长，领导身边的侍御人员。史官记录穆王任命伯冏的册书，名叫《冏命》。

《冏命》是研究西周吏治思想的重要材料。穆王认识到侍从仆役对国君影响很大，特别告诫伯冏注重选择吉士，辅君修德。这些认识是正确的，在今天特别具有重要的现实意义。

古代君王的近臣与现代领导干部的秘书、司机差不多，虽然官儿不大，但因为日常陪伴君王，对于君王的影响很大。西周穆王注意到近臣与君王的交互作用，指出："仆臣正，厥后克正；仆臣谀，厥后自圣。后德惟臣，不德惟臣。"穆王强调："尔无昵于憸人，充耳目之官。""慎简乃僚，无以巧言令色，便辟侧媚。"《囧命》与《君牙》正好形成互补。《君牙》强调上级对下级的垂范作用，《囧命》则强调下级对上级的辅弼职能。这是西周德治的两个方面。只有上下一起努力行德，德政才能够实现。

《囧命》也反映了"下谏上"的规定实际是民主议政风气在阶级社会里的遗存。《尧典》中尧和群臣都俞吁咈，《益稷》载舜帝说"予违，汝弼"，都显示了"下谏上"的优良传统。

《周礼·地官》："保氏掌谏王恶。"明确规定保氏要针对君王的过错进行规劝。事实上，周代从公卿大臣到普通民众，都可以对政治提出意见。《国语·周语上》记载："天子听政，使公卿至于列士献诗，瞽献曲，史献书，师箴，瞍赋，矇诵，百工谏，庶人传语，近臣尽规，亲戚补察，瞽、史教诲，耆、艾修之，而后王斟酌焉，是以事行而不悖。"而这种情形一旦被破坏，周朝就面临颠覆的危险。周厉王禁止平民谤议时事，国人"道路以目"，召公劝谏而厉王不听，终于，公元前841年，西周国人大规模暴动，厉王被迫出逃，史称"国人暴动"，西周王朝遭受沉重打击，王室日趋衰微，逐渐出现分崩离析的局面。

君王与近臣、领导干部与身边的工作人员发挥怎样的交互作用，是一个古老而又现实的政治命题。《囧命》与《君牙》对于现在领导干部如何选择身边的工作人员以及领导干部如何以身作则自律自重都有重要的历史借鉴价值。

　　王若曰："伯囧！惟予弗克于德。嗣先人宅丕后，怵惕惟厉；中夜以兴，思免厥愆[1]。

　　"昔在文、武，聪明齐圣[2]，小大之臣，咸怀忠良。其侍御仆从罔匪正人，以旦夕承弼厥辟，出入起居罔有不钦，发号施令罔有不臧。下民祇若，万邦咸休[3]。

　　"惟予一人无良，实赖左右前后有位之士，匡其不及。绳愆纠谬[4]，格其非心，俾克绍先烈。

[注释]

1 愆：过失。《孔传》："思所以免其过悔。"

2 聪明齐圣：博闻、广识、通达、圣哲。《孔传》："聪明，视听远。齐通，无滞碍。"

3 休：《广雅·释诂》："喜也。"

4 绳：正，纠正。绳愆，《孔疏》："木不正者，以绳正之。绳谓弹正。"

[译文]

　　穆王这样说："伯囧！我不能够行德。继承先人处在大君的位置，戒惧会有危险，甚至半夜起来，总想法子避免过失。

"从前文王、武王博闻、广识、通达、圣明，小臣大臣都心怀忠良。他们的侍御近臣，没有人不是忠诚正直的人，用他们早晚侍奉辅佐他们的君主，所以君主出入起居，没有不敬慎的；发号施令，也没有不美善的。民众恭敬顺从，万国也都和洽休美。

"我没有好的德行，实在要依赖左右前后的官员，匡正我的不到之处。纠正过失和错误，端正我不正确的思想，使我能够继承先王的功业。

以上第一段，穆王表明要依靠忠良，匡救自己的不及。

"今予命汝作大正¹，正于群仆侍御之臣²。懋乃后德，交修不逮³。慎简乃僚，无以巧言令色，便辟侧媚⁴，其惟吉士⁵。仆臣正，厥后克正；仆臣谀，厥后自圣。后德惟臣，不德惟臣。尔无昵于憸人⁶，充耳目之官，迪上以非先工之典。非人其吉⁷，惟货其吉，若时，瘝厥官⁸，惟尔大弗克祗厥辟；惟予汝辜。"

王曰："呜呼！钦哉！永弼乃后于彝宪。"

[注释]

1 大正：即太仆正，主管君主车马的长官。

2 正：长。引申为领导。群仆：《孔疏》："《周礼》：太御，中大夫，掌驭玉辂；戎仆，中大夫，掌驭戎车；齐仆，下大夫，掌驭金辂；道仆，上士，掌驭象辂；田仆，上士，掌驭田辂。群仆谓此也。"

3 交：共同。《禹贡》："庶士交正。"《孔传》："交，俱也。"修：勉励，《淮南子·修务训》注："修，勉。"

4 便辟：善于逢迎阿谀。侧媚：用不正当的行为求人喜悦。《书集传》："便者，顺人之所欲；辟者，避人之所恶；侧者，奸邪；媚者，谀说，小人也。"

5 吉士：品德高尚的人。

6 无：通"毋"，不要。昵：亲近。憸xiān人：能说会道的人。

7 其：通"綦"，极，最。《说文解字叙》"庶业其繁"，段玉裁注："其，同荀卿书之綦，极也。"下句"其"同。

8 瘝guān：病，引申为败坏。

[译文]

"今天我任命你担任太仆长，领导群仆近臣。你要勉励你的君主增修德行，共同劝勉我做得不够的地方。你要慎重选择你的部属，不要任用巧言令色、阿谀奉承的人，只能任用品德高尚的贤良正士。仆侍、近臣都正，他们的君主才能正；仆侍、近臣谄媚，他们的君主就会自以为圣明。君主有德，由于臣下，君主失德，也由于臣下。你不要亲近小人，充当我的视听之官，不要引导君上违背先王之法。如果不是以贤人最善，只是以货财最善，像这样，就会败坏你们的官职，就是你大不敬你的君主；我将惩罚你。"

穆王说："啊！要认真呀！要长久用常法辅助你的君主。"

以上第二段，穆王指明近臣的重要作用，勉励伯同慎选贤良，增进德行，用常法辅助自己。

吕　刑

　　《吕刑》是《尚书》的重要篇目，是我国历史上现存最早制定法典的官方档案。《吕刑》记载的西周刑律也是人类文明史上最早的刑律。《吕刑》虽是穆王的诰词，但刑律是吕侯主持制定的，体现了吕侯的刑法思想和法律主张，史官用"吕刑"作为篇名。吕侯做过甫侯，所以《史记·周本纪》又叫《甫刑》。

　　周穆王在位五十五年。前期喜爱游历，相传还曾到过昆仑山西王母国，嬉乐荒政，任意刑罚。后期吕侯为相，劝告穆王制定刑法，采用中刑。穆王听从他的意见，天下终于安定了。

　　采用中刑是周公一贯的刑法主张。《康诰》中周公提出"义刑义杀"，认为对罪犯不要急于判罪，避免感情用事。

《立政》中周公提出"兹式有慎，以列用中罚"。《吕刑》强调施用中刑的目的是达到以德治天下。刑罚重在教育，教育的目的在引导民众敬德。

《吕刑》指出施用刑罚只是为了辅助德教，采用"中刑"就是用刑要适度，刑罚要公平。为此，《吕刑》制定了一系列具体原则。诸如：断案要认真调查研究，根据客观事实判罪。如果事实不清，则应从轻处罚。治狱要无私无偏，审案要公正廉明。反对滥施刑罚，主张严格按照法律条文判罪。这些主张至今仍具现实意义。

《吕刑》还提及"绝地天通"。原始社会财产为氏族集体所有，人际关系平等，氏族集体有专门神职人员，个人不需要自己祈神降福。后来，随着贫富分化，出现私有财产，每个家庭和个人都产生了祈福的需要，于是就进入了"民神杂糅""家为巫史"的阶段。但是，特权贵族不能容许这种情况的蔓延，他们要垄断与神祇沟通的权利以巩固自己的特权地位，于是就有了"绝地天通"。"绝地天通"的实质是统治者剥夺被统治者与神沟通的权利，标示着中国原始宗教结束了"民神杂糅"的阶段。"绝地天通"在中国宗教史、思想史上具有重要意义。

惟吕命[1]，王享国百年[2]，耄[3]，荒度作刑[4]，以诘四方⁵。

[注释]

1 吕命：吕侯被命为卿。

2 享国：享有国家，指在位。百年：虚数，是说很久。

3 耄mào：老。《礼记·曲礼》："八十、九十曰耄。"这里指年事已高。

4 荒：大。度：谋。

5 诘：禁戒。《周礼·天官·太宰》"以诘邦国"郑玄注："诘，禁也。"

[译文]

吕侯被命为卿时，穆王在位很久，年纪老了，还是大力谋求制定刑法，来禁戒天下。

以上第一段，史官记事之辞。

王曰："若古有训¹，蚩尤惟始作乱²，延及于平民，罔不寇贼³，鸱义奸宄⁴，夺攘矫虔⁵。苗民弗用灵⁶，制以刑，惟作五虐之刑曰法⁷，杀戮无辜，爰始淫为劓刵椓黥⁸。越兹丽刑并制⁹，罔差有辞¹⁰。

[注释]

1 若：句首语气助词，无义。

2 蚩尤：东方九黎族的首领，与黄帝战于涿鹿，失败被杀。

3 寇：抄掠。贼：残害。

4 鸱义：轻率不正。王念孙说："鸱者，冒没轻儳；义者，倾邪反侧。"奸宄：内外作乱。

5 攘：窃取。矫虔：诈骗强取。韦昭说："称诈为矫，强取为虔。"

6 苗民：郑玄："苗民谓九黎之君也。"灵：通"令"，政令。《礼记·缁衣》引作"命"，郑玄注："命谓政令也。"

7 曰：为，以为。

8 爰：句首语气助词，无义。淫：大，过分。劓：割鼻子。刵：当依《说文》作"刖yuè"。断脚胫。《尚书易解》："五刑本有刖无刵，此刵当作刖。"椓zhuó：割去生殖器。黥qíng：即墨刑，用刀刻面而染以黑色。秦汉称"黥刑"。

9 越兹：于是。《尚书易解》："越兹，于是也。"丽：施行。并：废弃。《庄子·天运》："至贵国爵并焉。"注："并者，除弃之谓也。"制：制度法令。

10 罔：不能。差：识别，选择。有辞：有辞辩解者，指无罪。

[译文]

王说："古代有遗训，蚩尤开始作乱，扩大到平民百姓。无不寇掠杀戮，轻率不正，内外作乱，争夺窃盗，诈骗强取。九黎之君不遵守政令，而用刑罚来制御民众，制定了五种酷刑以为常法。杀害无罪的人，开始放肆使用劓、刖、椓、黥等刑罚。于是，施行杀戮，抛弃法制，不能识别无罪的人。

"民兴胥渐[1]，泯泯棼棼[2]，罔中于信[3]，以覆诅盟[4]。虐威庶戮[5]，方告无辜于上[6]。上帝监民，罔有馨香德[7]，刑发闻惟腥[8]。皇帝哀矜庶戮之不辜[9]，报虐以威[10]，遏绝苗民[11]，无世在下[12]，乃命重、黎[13]，绝地天通[14]，罔有降格[15]。群后之逮在下[16]，明明棐常[17]，鳏寡无盖[18]。

[注释]

1 民：指苗民。胥：互相。下文"明启刑书胥占"的"胥"同。渐：欺诈。见《经义述闻》卷三。

2 泯泯棼棼fén：纷乱的样子。

3 于：与，和。并列连词，《经传释词》："于，犹越也；与也；连及之词。"

4 以：因果连词，以致。覆：败，背。诅盟：誓约。

《孔疏》："虽有要约，皆违背之。"

　　5 虐威：受虐刑的人。庶戮：众被侮辱者。

　　6 方：通"旁"，范围副词，普遍。

　　7 馨香：散发很远的香气。

　　8 发闻：流传而著名。发：散发。

　　9 皇帝：郑玄以为是颛顼高阳氏，传说为上古部落的首领。从这一句到"罔有降格"均言颛顼事。

　　10 报：审判。《说文·幸部》："报，当罪人也。"虐：滥用酷刑杀戮的人。威：惩罚。

　　11 遏绝：制止，消灭。

　　12 无：使……无。

　　13 乃：又，连词，表递进关系。重、黎：都是人名。颛顼时，重主管天神，黎主管臣民。

　　14 绝地天通：断绝地民和天神的感通。《国语·楚语》："颛顼受之，乃命南正重司天以属神，命北正黎司地以属民，使复旧常，无相浸渎，是为绝地天通。"

　　15 格：通"假"，升。《尔雅·释诂》："假，升也。"

　　16 群后：指高辛和尧、舜。逮：及，相继。

　　17 明明：显用明德的人。棐常：辅助常道。

　　18 盖：壅蔽。

[译文]

"苗民互相欺诈，纷纷乱乱，不守信用，以致背叛誓约。受了虐刑的人和一些被侮辱的人都向上天申告自己无罪。上天考察苗民，没有芬芳的德政，刑法所发散的只有腥气。颛顼皇帝哀怜众多被害的人没有罪过，就用威罚处置施行暴虐的人，制止和消灭行虐的九黎国君，使他没有后嗣留在世间。又命令重和黎，禁止地民和天神相互感通，使他们不能升降来往。高辛、尧、舜相继在下，都显用贤德的人扶持常道，于是孤苦之人没有壅蔽之苦了。

"皇帝清问下民鳏寡有辞于苗[1]。德威惟畏，德明惟明[2]。乃命三后[3]，恤功于民[4]。伯夷降典[5]，折民惟刑[6]；禹平水土，主名山川；稷降播种[7]，农殖嘉谷[8]。三后成功，惟殷于民[9]。士制百姓于刑之中[10]，以教祗德。

[注释]

1 皇帝：指尧帝。问：通"闻"，知。清问，明白知道。辞：指怨言。郑玄以为"皇帝清问下民"以下言尧事。

2 德威惟畏，德明惟明：《礼记·表记》引这二句：'德威惟畏，德明惟明，非虞帝其孰能如此乎。'郑玄解释说："德所威，则人皆畏之，言服罪也；德所明，则人皆尊之，言得人也。"按此二句也是上文"清问"的宾语。

3 乃：关联副词，于是。下文"乃绝厥世"的"乃"同。三后：三位长官。指伯夷、禹、稷。

4 恤：慎重。功：事，用如动词，治事。

5 伯夷：尧帝的大臣。人名，为舜制定礼法，见《舜典》。降：下，颁布。典：法典。

6 折民：制民。判断民事案件，泛指审理案件。

7 稷：后稷，尧舜时的农官。

8 农：勉，努力。情态副词，《广雅·释诂》："农，勉也。"殖：种植。

9 殷：富，富厚。

10 士：士师。制：制御。百姓：百官。于：以。介词，以，用。介引动作行为凭借的工具。下文"正于五刑""正于五过"的"于"同。中：平。公平，公正。

[译文]

"尧皇帝明知下民和孤寡对九黎国君有怨言。又明知贤人所惩罚的，人都畏服；贤人所尊重的，人都尊重。于是命令三位大臣慎重为民治事。伯夷颁布法典，用刑律审理案件；大禹平治水土，主管名山大川；后稷教民播种，努力种植好谷。三后成功了，就富厚了老百姓。士师又用公正的刑罚制御百官，教导臣民敬重德行。

　　"穆穆在上[1]，明明在下[2]，灼于四方，罔不惟德之勤[3]，故乃明于刑之中，率乂于民棐彝[4]。典狱非讫于威[5]，惟讫于富[6]。敬忌，罔有择言在身[7]。惟克天德[8]，自作元命[9]，配享在下[10]。"

[注释]

1 穆穆：恭敬。

2 明明：勉力。下文"故乃明于刑之中"的"明"同。

3 罔不惟德之勤：即"罔不勤德"，宾语前置。

4 率：从而。《经传释词》："《吕刑》曰：'故乃明于刑之中，率乂于民棐彝。'率，用也。言能明于刑之中正，用治于民，辅成常教也。"

5 典：主管。讫：终。

6 惟：连词。连接分句，表示并列关系中的对等关系。与"非"构成"非……，惟……"式，译为"不是……，而是……"。下文类似的复句有："非佞折狱，惟良折狱，罔非在中。""狱货非宝，惟府辜功。""永畏惟罚，非天不中，惟人在命。"富：仁厚。《说文·宀部》："富，厚也。"

7 择：通"殬"，败。择言：败言，坏话。见《经义述闻》。

8 克：肩任，肩负。天德：上天仁爱的美德。

9 元：善。

10 在：介词，介引动作行为进行的处所、范围。下文
"作配在下"之"在"同。

[译文]

"尧皇帝恭敬在上，三位大臣努力在下，光照四方，没
有人不勤行德政，所以能勉力于刑罚的公平，从而治理民
众，辅助常教。主管刑罚的官，不是终于作威，而是终于仁
厚。敬慎戒忌，自身没有坏的言论。他们肩负上天仁爱的美
德，自己造就了好命，所以配天在下享有禄位。"

王曰："嗟！四方司政典狱¹，非尔惟作天牧²？今
尔何监³？非时伯夷播刑之迪⁴？其今尔何惩？惟时苗民
匪察于狱之丽⁵，罔择吉人，观于五刑之中⁶；惟时庶威
夺货⁷，断制五刑，以乱无辜，上帝不蠲⁸，降咎于苗，
苗民无辞于罚，乃绝厥世。"

[注释]

1 司政典狱：掌管政教、刑狱的人，指诸侯。

2 惟：为。牧：治民，《左传·襄公十四年》："天生
民而立之君，使司牧之。"指治民的官。

3 监：视。这里意思是效法。

4　时：这。播：施行。迪：道。

5　丽：施行。

6　中：适中、公正。

7　庶：《尔雅·释言》："侈也。"庶威，盛为威势。

8　蠲：通"捐"，除，指赦罪。

[译文]

　　王说："啊！四方的诸侯们，不是你们做上天的治民官吗？现在，你们要效法什么呢？难道不是这伯夷施行刑罚的方法吗？现在你们要惩戒什么呢？就是九黎国君不详察狱事的施行，不选择善良的人，监察五刑是否公正；就是任用虚张威势、掠夺财物的人，裁决五刑，乱罚无罪，上帝不加赦免，降灾给九黎族，九黎国君对上帝的惩罚无话可说，于是断绝了他们的后嗣。"

　　王曰："呜呼！念之哉！伯父、伯兄、仲叔、季弟、幼子、童孙，皆听朕言，庶有格命[1]。今尔罔不由慰曰勤[2]，尔罔或戒不勤。天齐于民[3]，俾我一日[4]，非终惟终[5]，在人。尔尚敬逆天命[6]，以奉我一人[7]！虽畏勿畏，虽休勿休[8]，惟敬五刑，以成三德[9]。一人有庆[10]，兆民赖之[11]，其宁惟永[12]。"

[注释]

1 庶：语气副词，庶几，大概，或许。格：通"假"，嘉。格命，就是嘉命。

2 由：通"繇"，《尔雅·释诂》："繇，喜也。"慰：自慰。

3 齐：整顿。

4 俾：职，引申为任用。《尔雅·释言》："俾，职也。"

5 终：成。见《周语》注。惟：与，和。连词，《经传释词》："'惟'犹'与'也，及也。"黄侃笺识："'与'之借。"

6 尚：副词，表示祈使语气，可译为"要""希望"。下文"尚明听之哉"的"尚"同。逆：迎接，接受。

7 奉：助。见《淮南子·说林训》注。

8 休：休息。王先谦说。

9 三德：联系上文"敬逆天命，以奉我一人"，要求敬顺；"虽畏勿畏"，要求公正；"罔或戒不勤""虽休勿休"，要求勤劳。三德当指敬顺、公正和勤劳。

10 庆：善。

11 赖：利。

12 其宁：国家的安宁。惟：乃，就。关联副词，《经传释词》："惟，犹'乃'也。"

[译文]

王说:"啊!你们要记住这个教训啊!伯父、伯兄、仲叔、季弟以及年幼的子孙们,都听从我的话,或许会享有好命。如今你们没有人不喜自我安慰说已经很勤劳了,你们没有人戒惧自己不勤劳。上天治理下民,暂时任用我们,不成与成,完全在于人。你们可要恭敬地接受天命,来辅助我!即使遇到可怕的事,不要害怕;即使可以休息,也不要休息。希望慎用五刑,养成这三种德行。一人办了好事,万民都受益,国家的安宁就会长久了。"

以上第二段,穆王详述刑罚的源流,提出慎行的主张。

王曰:"吁!来,有邦有土[1],告尔祥刑[2],在今尔安百姓,何择,非人?何敬,非刑?何度[3],非及[4]?

"两造具备[5],师听五辞[6];五辞简孚[7],正于五刑[8];五刑不简,正于五罚[9];五罚不服,正于五过[10]。五过之疵[11]:惟官、惟反、惟内、惟货、惟来[12]。其罪惟均[13],其审克之[14]!

"五刑之疑有赦[15],五罚之疑有赦,其审克之!简孚有众[16],惟貌有稽[17]。无简不听,具严天威。

[注释]

1 有邦:指诸侯。有土:有采地的大臣。

2 祥：善。祥刑，善用刑法。

3 度：谋划。

4 及：当从《史记》作"宜"，得宜。《说文·日部》"叠"字注："扬雄谓西理官决罪，三日得其宜，乃行之。"这是度刑贵宜的例证。见《尚书易解》。

5 两造：一作"两遭"，就是两曹。《说文·曰部》："曹，狱之两曹也。"段玉裁说："两曹，今俗所谓原告被告也。"

6 师：士师，就是法官。听：平治、审理。五辞：入于五刑的讼辞。

7 简：核实。孚：诚信。这里作动词，验证。

8 正：治，处理。于：以。

9 正于五罚：用五等罚金来处治。

10 五过：五种过失。五种可以获得赦免的处罚。《孔传》："不服，不应罚也；正于五过，以赦免。"《孔疏》："下文惟有'五刑''五罚'而无'五过'，亦称'五'者，缘五罚为过，故谓之'五过'。"

11 疵：弊病。

12 官：畏官势。反：报恩怨。内：谄媚内亲。货：索取货贿。来：当从马融本作"求"。受人请求。

13 其罪惟均：与犯人同罪。马融说："以此五过出入人罪，与犯法者等。"

14　克：通"核"，实。《汉书·刑法志》引作"核"。

15　之：如果。《经传释词》："之，犹'若'也。"

16　简孚有众：核验于大众。《周官·小司寇》：'以三刺断庶民狱讼之中，一曰讯群臣，二曰讯群吏，三曰讯万民。'孙星衍说："简孚有众者，即《王制》所云疑狱，泛与众共也。"

17　貌：治。见《广雅》。稽：同。见《尧典》郑注。惟貌有稽，指审理案件要有共同办案的人。

[译文]

王说："啊！来吧！诸侯国君和各位大臣，我告诉你们要善用刑法。如今你们安定百姓，要选择什么呢，不是吉人吗？要敬慎什么呢，不正是刑罚吗？要考虑什么呢，不就是判断适宜吗？

"原告和被告都来齐了，法官就审查五刑的条文；如果核实可信，就用五刑来处理。如果用五刑处理不能核实，就用五罚来处理；如果用五罚处理也不可从，就用五过来处理。五过的弊端：是法官畏权势，报恩怨，谄媚内亲，索取贿赂，接受说情。发现上述弊端，法官的罪就与罪犯相同，你们必须详细核查啊！

"根据五刑定罪的疑案有赦免的，根据五罚定罪的疑案有赦免的，要详细察实啊！要向众人核实验证，审理案件也要有共同办案的人。未经核实不能治罪，应当共同敬畏上天的威严。

"墨辟疑赦[1]，其罚百锾[2]，阅实其罪[3]。劓辟疑赦，其罚惟倍[4]，阅实其罪。剕辟疑赦[5]，其罚倍差[6]，阅实其罪。宫辟疑赦[7]，其罚六百锾，阅实其罪。大辟疑赦[8]，其罚千锾，阅实其罪。墨罚之属千[9]，劓罚之属千，剕罚之属五百，宫罚之属三百，大辟之罚其属二百。五刑之属三千。

[注释]

1 墨：五刑之一，就是黥。辟：罪。

2 锾huán：古代重量单位。郑玄："锾，六两也。"

3 阅实：《孔疏》说："检阅核实其所犯之罪，使与罚名相当，然后收取其赎。"

4 倍：百锾的一倍，即二百锾。

5 剕：即"跀"，去掉膝盖骨。段玉裁说。《史记·周本纪》引作"膑"。

6 倍差：一倍半，即五百锾。《尚书易解》："倍之又半，为五百锾。"

7 宫：宫刑，就是椓刑。

8　大辟：死刑。

9　属：指刑罚的条目。《尚书今古文注疏》："罪之条目必有定数者，恐后世妄加之。"

[译文]

"判处墨刑感到可疑，可以从轻处治，罚金一百锾，要核实其罪行。判处劓刑感到可疑，可以从轻处治，罚金二百锾，要核实其罪行。判处剕刑感到可疑，可以从轻处治，罚金五百锾，要核实其罪行。判处宫刑感到可疑，可以从轻处治，罚金六百锾，要核实其罪行。判处死刑感到可疑，可以从轻处治，罚金一千锾，要核实其罪行。墨罚的条目有一千条，劓罚的条目有一千条，剕罚的条目有五百条，宫罚的条目有三百条，死罪的刑罚，其条目有二百条。五种刑罚的条目共有三千条。

"上下比罪[1]，无僭乱辞[2]，勿用不行[3]，惟察惟法，其审克之！上刑适轻[4]，下服[5]；下刑适重，上服。轻重诸罚有权[6]。刑罚世轻世重[7]，惟齐非齐[8]，有伦有要[9]。

[注释]

1　比：比照，比例。《书集传》："罪无正律，则以上下刑而比附其罪也。"

2 无:《经传释词》:"无,毋,勿也,常语。"在祈使句中表示命令、禁止以及告诫。可译作"不要"。下文"无或私家于狱之两辞"之"无"同。僭:差错。辞:供辞。

3 不行:已废除的法律。《尚书今古文注疏》:"谓蠲除之法。"勿用不行,不用已废除的法律。

4 适:宜。

5 服:治,处置。下服,减一等处理。下文"上服"即"加一等处理"。

6 权:变,就是灵活性。《书集传》:"权者,进退推移,以求其轻重之宜也。"

7 刑罚世轻世重:刑罚根据时世决定轻重。《孔传》:"言刑罚随世轻重也,刑新国用轻典,刑乱国用重典,刑平国用中典。"

8 齐:同。惟齐非齐,同与不同。

9 伦:道理。要:要求。

[译文]

"要上下比较其罪行,不要错乱供辞,不要采取已经废除的法律,应当明察,应当依法,要核实啊!上刑宜于减轻,就下一等处治,下刑宜于加重,就上一等处治。各种刑罚的轻重允许有灵活性。刑罚时轻时重,相同或不相同,都有它的道理和要求。

　　"罚惩非死，人极于病[1]。非佞折狱[2]，惟良折狱，
罔非在中。察辞于差[3]，非从惟从。哀敬折狱[4]，明启刑
书胥占[5]，咸庶中正[6]。其刑其罚，其审克之！狱成而
孚，输而孚[7]。其刑上备[8]，有并两刑[9]。"

[**注释**]

　　1 于：介词，比。极：痛苦。

　　2 佞：佞人，善于巧言的人。折狱：断狱，审案。

　　3 差：指供词的矛盾。

　　4 敬：当从《尚书大传》引作"矜"，怜悯。

　　5 启：打开。胥：相。占：量度。

　　6 庶：章太炎读为"度"，谋求。上文"何度非及"，
马融注："度，造谋也。"

　　7 输：变更。王引之说："《广雅》：'输，更也'。
狱辞或有不实，又察其曲直而变更之，后世所谓平反也。狱
辞定而人信之，其有变更而人亦信之，所谓民自以为不冤
也。"而：连词，表承接关系。

　　8 备：《说文·人部》："慎也"。上备，以慎重
为上。

　　9 有并两刑：合并两罪，只罚一种，不责其余。见《尚

书正读》。

[译文]

"刑罚虽不是置人于死地,但受刑罚的人感到比重病还痛苦。不是巧辩的人审理案件,而是善良的人审理案件,就没有不公正合理的。从矛盾处考察供词,不服从的犯人也会服从。应当怀着哀怜的心情判决诉讼案件,明白地检查刑书,互相斟酌,都要谋求公正。当刑当罚,要详细察实啊!要做到案件判定了,人们信服;改变判决,人们也信服。刑罚贵在慎重,有时可以合并两种罪行,只罚一种。"

以上第三段,说明刑法的种类、条目,规定审理狱讼的程序、要求和方法。

王曰:"呜呼!敬之哉!官伯族姓[1],朕言多惧。朕敬于刑,有德惟刑。今天相民[2],作配在下[3],明清于单辞[4],民之乱,罔不中听狱之两辞[5],无或私家于狱之两辞[6]!狱货非宝[7],惟府辜功[8],报以庶尤[9]。永畏惟罚,非天不中,惟人在命[10]。天罚不极,庶民罔有令政在于天下。"

王曰:"呜呼!嗣孙,今往何监?非德?于民之中[11],尚明听之哉!哲人惟刑[12],无疆之辞,属于五极[13],咸中有庆[14]。受王嘉师,监于兹祥刑[15]!"

[注释]

1 官伯：指诸侯。族姓：同姓大臣。即上文"伯父、伯兄、仲叔、季弟、幼子、童孙"。

2 相：扶助。

3 配：天之配匹，就是天牧。

4 明清：明察。单辞：一面之词。

5 中听：公平审理。两辞：原告和被告两方面的诉讼词。

6 私：《韩非子·五蠹》："自环者谓之厶。"家：孙星衍认为读如《檀弓》"君子不家于丧"之家。私家，谓谋利。曾运乾释此句为"言不以为利"。

7 狱货：诉讼中得了货财。

8 府：《广雅·释诂》："取也。"

9 报：判决。尤：罪过。

10 在：终。曾运乾说。

11 中：狱讼之成，即讼案的判决书。见《周礼·秋官·小司寇》。

12 哲：通"折"，制。王引之说："哲，当读为'折'，折之言制也。"

13 属：合。五极：就是五刑。

14 中：公平。《尚书正读》："中字为全篇主旨。……凡八用中字。得此中道，守而弗失，庶几其祥刑矣。"庆：指祥刑。

15 监：明察。

[译文]

王说："啊，敬慎啊！诸侯国君以及同姓官员们，对我的话要多多戒惧。我重视刑罚，有德于老百姓的也是刑罚。如今上天扶助老百姓，你们在下土作天之匹配，应当明察一面之词，治理民众，无不在于公正地审理双方的诉讼词，不要对诉讼双方的诉词贪图私利啊！狱讼接受贿赂不是好事，那是获罪的事，我将以众罪论处这些人。永远可畏的是上天的惩罚，不是上天不公平，只是人们自己终结天命。上天的惩罚不加到他们身上，天下众民就不会有美好的政治了。"

王说："啊！子孙们，从今以后，你们明察什么呢？难道不是行德吗？对于老百姓案情的判决，要明察啊！治理民众要运用刑罚，使无穷无尽的讼辞合于五刑，都能公正适当，就有福庆。你们接受治理王家的好百姓，可要明察这种祥刑啊！"

以上第四段，说明惩治腐败和司法公正的重要意义。

文侯之命

文侯，指晋文侯，名仇，字义和。周幽王荒淫无道，宠爱褒姒，褒姒生子伯服。幽王废申后和太子宜臼，立褒姒为后，伯服为太子。申后的父亲申侯联合犬戎攻杀幽王。诸侯拥立宜臼为王，就是周平王。晋文侯、郑武公等辅佐周平王平定戎乱，东迁洛邑。平王册命表彰晋文侯的功绩，赐给车马弓，史官记录其事，名为《文侯之命》。

《文侯之命》是研究周史的重要参考资料，反映了西周灭亡、周室东迁等一系列重大事件。

《文侯之命》也反映了诸侯争霸的真实情况。东周弱小，虽然名义上仍是天下宗主，但再也不能控制诸侯了，大诸侯国还经常利用它作为政治工具，兼并弱小，争当霸主。齐国和晋国阻止楚国的北进，就经常打出"尊王攘夷"的旗号。周平王赏赐晋文侯弓矢，就是赏赐晋文侯征伐其他诸侯的权力。汉代学者孔安国说："诸侯有大功，赐弓矢，然后专征伐。"晋国后来成为春秋五霸之一，就是打着"尊王"的旗号取得的。公元前635年，周王室发生了王子带之乱，晋文公通过"兴师勤王"扩大了势力范围和政治影响。公元前632年，城濮之战，晋国打败了当时号称强大的楚国，和齐、鲁、宋、卫等国在今河南荥泽订盟，得到周王的册命，一跃成了中原的霸主。同年冬天，晋又在河南温县大会诸侯，周王也被召赴会，历史上美其名为"天子巡狩"，实际上是"挟天子以令诸侯"，以"霸"代"王"。

《文侯之命》还从侧面反映了王国政治中"废后"和"立储"的问题，事关国家安危，历代十分重视。

《文侯之命》仅仅214字，却包括册令的全部内容，既有历史总结，又有形势分析；既有表扬，又有赏赐，还有勉励。环环扣紧，层次井然，语言朴实，感情真挚。

王若曰："父义和[1]！丕显文、武，克慎明德[2]，昭升于上[3]，敷闻在下[4]，惟时上帝集厥命于文王[5]。亦惟先正克左右昭事厥辟[6]，越小大谋猷罔不率从[7]，肆先祖怀在位[8]。

[注释]

1 王：周平王。父：对同姓诸侯中尊长的称呼，周和晋同姓，所以平王称晋文侯为父。义和：文侯的字。《孔传》："义和，字也。称父者非一人，故以字别之。"

2 明：勉，努力。

3 昭：明，指光辉。上：上天。

4 敷：布。闻：名声。下：下土。

5 惟时：于是。集：下，降。见《淮南子·说山》注。文王：当从《晋世家》作"文武"，上言文、武，这里不当只言文王。

6 先正：郑玄："先臣，谓公卿大夫也。"左右：佐佑，辅佐。昭：通"诏"，指导。《尔雅·释诂》："诏，导也。"

7 越：于。介词，介引动作行为有关的物件，相当于"于"。猷：谋。率从：遵从。

8 肆：连词，表因果关系，所以。怀：安。

[译文]

王这样说："族父义和啊！伟大光明的文王和武王，能够慎重行德，德辉升到上天，名声传播在下土，于是上帝降下那福命给文王、武王。也因为先前的公卿大夫能够辅佐、指导、服事他们的君王，对于君王的大小谋略无不遵从，所以先祖能够安然在位。

"呜呼！闵予小子嗣[1]，造天丕愆[2]。殄资泽于下民[3]，侵戎我国家纯[4]。即我御事[5]，罔或耆寿俊在厥服[6]，予则罔克[7]。曰惟祖惟父[8]，其伊恤朕躬[9]。呜呼！有绩予一人永绥在位[10]。

[注释]

1 闵：矜悯，哀怜，可译为"可怜"。《郑笺》："闵，悼伤之言也。""可悼伤乎，我小子耳。"嗣：继承。这里指继承王位。

2 造：遭受。愆：惩罚。指幽王被杀。《史记·周本纪》："申侯怒，与缯、西夷犬戎攻幽王，幽王举烽火征兵，兵莫至。遂杀幽王骊山下，虏褒姒，尽取周赂而去。"

3 殄：绝。资：财，指福利。泽：德泽。

4 戎：作动词，侵戎，侵伐。纯：众多。《竹书纪年》："幽王十一年，申人、鄫人及犬戎入不宗周，杀王及王子伯服。"《后汉书·东夷传》："及幽淫乱，四夷交侵。"

5 即：时间副词。《经传释词》："即，犹今人言'即今'也。"御事：治事大臣。

6 罔或：没有。表示对存在可能性的否定。耆寿：老成人。俊：读为"骏"，长久。孙诒让《尚书骈枝》："俊，当读为'骏'，《尔雅·释诂》云：'骏，长也。'"服：职位。

7 则：关联副词，表示假设的语义关联，可译为"就"，"那么"。克：胜任。

8 曰：通"聿"，句首语气助词，无义。惟祖惟父：祖辈父辈诸侯。

9 其：副词，表示祈使语气。可译为"要"、"必须"之类。下文"其归视尔师"的"其"同。伊：句中语气助词。恤：忧虑。

10 绩：《尔雅·释诂》："成也。"绥：安。

[译文]

"啊！可怜我这年轻人继承王位，遭到了上天的大责罚。没有福利德泽施给老百姓，侵犯我国家的人很多。现在我的治事大臣，没有老成人长期在职，我就不能胜任。祖辈和父辈的诸侯国君，要为我分忧。啊！有促成我长安在王位的人了。

"父义和！汝克绍乃显祖[1]，汝肇刑文、武[2]，用会绍乃辟[3]，追孝于前文人[4]，汝多修[5]，扞我于艰[6]，若汝，予嘉。"

[注释]

1 绍：当从唐石经作"昭"，光显，光耀。显祖：指唐叔，晋国的始封君主。

2 肇：情态副词，勉力。《尔雅·释诂》："肇，敏也。"《礼记·中庸》："人道敏政。"郑玄注："敏，犹勉也。"刑：制御。《荀子·臣道》"刑下如影"注："刑，制也。"文、武：文武百官。

3 会：会合诸侯。绍：继续，延续。会绍乃辟，《竹书纪年》："元年辛未，王东徙洛邑，晋侯会卫侯、郑伯、秦伯以师从王入于成周。"

4 文人：有文德的人。前文人，指文王、武王。

5 多：程度副词，很。修：长，引申为休美。

6 扞：保卫。扞我于艰，指救周驱逐犬戎。

[译文]

"族父义和啊！您能够光耀您的显祖唐叔，您努力制御文武百官，因会合诸侯延续了您的君王，追孝于文王和武王。您很美善，在困难的时候保卫了我，像您这样，我很赞美！"

以上第一段，表扬晋文侯保卫王朝的功绩。

王曰："父义和！其归视尔师[1]，宁尔邦。用赉尔
秬鬯一卣[2]；彤弓一，彤矢百；卢弓一[3]，卢矢百；马
四匹。

"父往哉！柔远能迩[4]，惠康小民，无荒宁[5]。简恤
尔都[6]，用成尔显德。"

[注释]

1 视：治理。《左传·襄公二十五年》："崔子称疾不
视事。"不视事即不治事。师：众。指臣民。

2 赉lài：赏赐。秬jù鬯chàng：黑黍和郁金香草合酿的
香酒。卣yǒu：酒器。

3 卢：黑色。根据《礼记·王制》，天子把弓矢赐给有
大功的诸侯，使他们专主征伐。

4 柔：安抚。能：亲善。迩：近邻。

5 荒宁：荒废和安逸。

6 简：专心致志。《逸周书·谥法》："壹德不解
（懈）曰简。"恤：安。见《汉书·韦玄成传》注。都：国
都，指代晋国。

[译文]

王说："族父义和啊！希望你回去治理您的臣民，安定
您的国家。现在我赐给您黑黍香酒一卣；红色的弓一张，红

色的箭一百支；黑色的弓一张，黑色的箭一百支；四匹马。

　　"您回去吧！安抚远方，亲善近邻，爱护安定普通民众，不要荒废政事，贪图安逸。一心一意地安定您的国家，从而成就您显明的美德。"

　　以上第二段，赏赐和嘉勉晋文侯。

费　誓

费，地名，在今山东省费县西北。《费誓》是周公的儿子伯禽率领军队征伐徐戎、淮夷，出征前在费地对将士们发布的诰词。

周人灭商以后，继续向黄河下游扩张势力，与淮夷、徐戎等东方部落进行长期战争。鲁国是西周与淮夷、徐戎作战的前线诸侯国，鲁国民众饱受战争的灾难，《费誓》反映了这一历史事实。

出征之前誓师，这是古今相同的军制。但古代的誓师内涵更为广泛，夏、商、周三代誓师的场合不同，内容也不同。《费誓》不同于《尚书》中别的战争誓词，没有详细说明出师原因，没有鼓动性的政治动员，通篇都是具体部署各项战备工作，结构整饬。宋代学者吕祖谦称本篇"甚整暇有序，先治戎备，次之以除道路，又次之以严部伍，又次之以立期会，先后之序皆不可紊"（见《书经传说汇纂》）。

《费誓》对于我们了解周及周各诸侯国的军事制度、战前军备和军事纪律都有重要的参考价值。例如文中提到"三郊三遂"，反映了西周以降的乡遂制度。乡遂制度是一种以地缘为基础的行政区域的划分，按照与国都距离由近到远，依次是乡、郊、遂。郊是连接乡、遂的地域，段玉裁认为："郊之为言交也，谓乡与遂相交接之处也。故《说文》曰：'距国百里为郊。'"杨宽认为乡和遂的居民身份不同，遂民称为氓或野民，乡民则称为国人。遂民是农业生产的主要担当者，乡民虽然也有分配耕地的制度，但主要任务是担负兵役和军赋。就本篇来看，鲁人三郊三遂在战时的主要职责是负责筑城材料和草料的供给，主要承担后勤补给工作，与杨先生论断基本相符。

公曰[1]："嗟！人无哗[2]，听命。徂兹淮夷、徐戎并兴[3]。善敹乃甲胄[4]，敿乃干[5]，无敢不吊[6]！备乃弓矢，锻乃戈矛，砺乃锋刃，无敢不善！

"今惟淫舍牿牛马[7]，杜乃擭[8]，敜乃阱[9]，无敢伤牿[10]！牿之伤，汝则有常刑[11]！

［注释］

1　公：指鲁侯伯禽，周公的儿子。

2　人：郑玄："人谓军之士众及费之民。"哗：喧哗。

3　徂：时间副词，表现在时。《经传释词》："'徂'读为'且'。且，今也。言今兹淮夷、徐戎并兴也。"淮夷：淮浦之夷。徐戎：徐州之戎。并：范围副词，皆。兴：起。

4　敹liáo：缝缀。甲：军衣。胄：头盔。

5　敿jiǎo：系连。干：盾牌。《方言》："盾自关而东，或谓之干。"

6　吊：善。

7　淫：大。程度副词，大大地。牿gù：《说文·牛部》："牛马牢也。"淫舍牿牛马，《尚书今古文注疏》："军行以牛载辎重，马驾兵车，常驾不舍，力不能任，故放置之。"

8　杜：闭。《经典释文》："本又作敜。"《说文》："敜，闭也。"擭huò：装着机关的捕兽器。《周礼·秋官·雍氏》郑玄："擭，柞鄂也。坚地阱浅，则设柞鄂其中。"贾公彦疏："柞鄂者，或以为竖柞于中，向上鄂鄂然，所以载禽兽，使足不至地，不得跃而出，谓之柞鄂也。"

9　敜niè：填塞。《说文·攴部》："敜，塞也。"阱：

陷阱。

10　伤牲：指伤牛马。承上文牿牛马而言，这是一种借代方法。

11　有：《广雅·释诂》："取也。"这里指遭受。

[译文]

公说："喂！大家不要喧哗，听取我的命令。现今淮夷、徐戎同时起来作乱。好好缝缀你们的军服头盔，系连你们的盾牌，不允许不准备好！准备你们的弓箭，锻炼你们的戈矛，磨利你们的锋刃，不允许不准备好！

"现在要大放圈中的牛马，掩盖你们捕兽的工具，填塞你们捕兽的陷阱，不许伤害牛马！伤害了牛马，你们就要受到常刑！

以上第一段，告诫鲁人治理兵器和清除道路。

"马牛其风[1]，臣妾逋逃[2]，勿敢越逐[3]！祗复之[4]，我商赍汝[5]，乃越逐不复[6]，汝则有常刑！无敢寇攘[7]，逾垣墙，窃马牛，诱臣妾，汝则有常刑！

[注释]

1　风：走失。郑玄："风，走逸也。"见《史记集解》。

2　臣妾：奴仆。古代男仆叫臣，女仆叫妾。逋：逃跑。

3 勿：否定副词，不。《说文解字注》："假借'勿'为'毋'字"。《广雅疏证》："'匪'、'勿'、'非'一声之转。"越：逾。

4 祇：敬。复：还，指归还原主。

5 商：赏。于省吾说："金文'赏'每作'商'。"赉：赐予。

6 乃：如果，连词，表假设关系。与下句"则"构成"乃……，则……"的双联格式。

7 寇：劫取。攘：偷取。郑玄说："因其来而取之曰攘。"《淮南子·泛论训》："直躬其父攘羊而子证之。"高诱注："凡六畜自来而取之曰攘也。"这里寇攘连言，泛指抢掠偷盗。

[译文]

"牛马走失了，男女奴仆逃跑了，不许离开队伍去追赶！得到了的，要恭敬送还原主，我会赏赐你们。如果你们离开队伍去追赶，或者不归还原主，你们就要受到常刑！不许抢夺掠取，跨过围墙，偷窃马牛，骗取别人的男女奴仆，这样，你们都要受到常刑！

以上第二段，宣布军事纪律。

"甲戌，我惟征徐戎。峙乃糗粮[1]，无敢不逮[2]；汝则有大刑[3]！鲁人三郊三遂[4]，峙乃桢干[5]。甲戌，我惟筑[6]，无敢不供，汝则有无余刑[7]，非杀。鲁人三郊三遂，峙乃刍茭[8]，无敢不多[9]；汝则有大刑！"

[注释]

1 峙：具备，准备。《尚书今古文注疏》："峙从止，俗误从山。《释诂》云：峙，具也。"糗qiǔ：炒熟的米麦。糗粮，就是干粮。

2 逮：及，到。不逮，意思是不够。

3 大刑：死刑。"汝则有大刑"的上面，省去了"不逮"二字。

4 郊：近郊。《尔雅·释地》："邑外谓之郊。"遂：远郊。《礼记·王制》郑玄注："远郊之外曰遂。"

5 桢干：筑墙的工具。桢用在墙的两端，干用在墙的两旁。

6 筑：修筑营垒。

7 余：释放。孙诒让《尚书骈枝》："《说文》馀以余声，舍亦以余省声，古馀字亦或省作余，见《周礼·委人》。"孙诒让说："余、舍二字得相通借。舍，释也。"无余刑，就是终身监禁而不释放。

8 刍：古字形像以手持草，本义是割草，引申为割草的人和割下来的鲜草。《说文·艸部》："刍，刈草也。"

茭：干草。郑玄："干刍。"

9　多：当从《史记·鲁世家》作"及"，形近而误。"不及"与上文"不逮"义同。

[译文]

"甲戌这天，我们征伐徐戎。准备你们的干粮，不许不够；不够，你们就要受到死刑！我们鲁国三郊三遂的人，要准备你们的筑墙工具。甲戌这天，我们要修筑营垒，不许不供给；如果不供给，你们将受到终身监禁的刑罚，只是不杀头。我们鲁国三郊三遂的人，要准备你们的鲜草料和干草料，不许不充足；如果不充足，你们就要受到死刑！"

以上第三段，宣布作战日期和具体任务。

秦　誓

　　鲁僖公三十三年，秦穆公派遣大将孟明视、西乞术、白乙丙率领军队远道袭击郑国。老臣蹇叔和百里奚谏说，穆公不听。军行途中，秦军获知郑国有了防备，只好顺手牵羊，消灭滑国后回师。谁知螳螂捕蝉，黄雀在后，秦军行至晋国的要塞崤山，遭到晋军的伏击，竟至全军覆灭，三个将帅被俘。当时晋国的国君是晋襄公，晋襄公的母亲是秦穆公的女儿文嬴，她向儿子说情释放了秦国将帅。当秦军将帅回国时，秦穆公在他们和秦国的群臣面前悔过，史官记录，名为《秦誓》。

　　秦穆公是春秋时期著名的政治家，作为一国之君，在神权和王权至高无上的封建社会，能公开悔过，虚己待贤，这一点难能可贵。他重用蹇叔和百里奚这些来自别国的大臣，是秦国任用客卿制度的开始。秦穆公最早开启了秦国的霸业，对秦后来取代东周，横扫六合奠定了基础。

《秦誓》还总结治国用人的经验教训和政治格言，对后代政治家有很大启发。诸如："询兹黄发，则罔所愆。"强调重用老臣。"责人斯无难，惟受责俾如流，是惟艰哉！"指明人君纳谏的不易和重要。"邦之杌隉，曰由一人；邦之荣怀，亦尚一人之庆。"说明人君识贤用贤关系国家安危。

传世《尚书》文本的编排次序始自《尧典》，终自《秦誓》。《尧典》记叙华夏文明初始阶段尧、舜的历史传说，尧、舜是中国原始社会父系氏族公社时期的著名部落联盟领袖，生活的时代约在公元前22世纪。《秦誓》记载的史实大约在公元前6世纪末。《尚书》各篇几乎皆记帝王或王室之事，《费誓》亦记周王朝同姓诸侯之事，唯《秦誓》一篇独记异姓诸侯之事。考虑到虞继唐，夏继虞，商代夏，周代商，秦昭王灭东周，秦始皇统一天下的历史进程，《尚书》的这种编排次序对于研究传世《尚书》文本确切的成书年代应当具有参考价值。

公曰[1]："嗟！我士[2]，听无哗！予誓告汝群言之首[3]。

"古人有言曰：'民讫自若[4]，是多盘[5]。'责人斯无难，惟受责俾如流[6]，是惟艰哉！我心之忧，日月逾迈[7]，若弗云来[8]！

"惟古之谋人[9]，则曰'未就予忌[10]'，惟今之谋人[11]，姑将以为亲[12]。虽则云然[13]，尚猷询兹黄发[14]，则罔所愆[15]。"

[注释]

1 公：秦穆公。

2 士：官员。

3 群言之首：指最重要的话。《书集传》："首之为言，第一义也。"

4 讫：尽。自若：随心所欲。

5 盘：俞樾说："盘、般通，《说文》：'般，辟也。'多般，犹云多辟。《诗·板》篇'民之多辟'笺曰：'民之行多为辟邪。'此言民尽自顺其意，故多辟也。"

6 俾：《尔雅·释诂》："从也。"

7 逾：过去。迈：行。日月逾迈，时间一天天过去。

8 若：乃也。见《小尔雅》。云：隶古定本作"员"。员，旋，回转的意思。"日月"二句是说日月不回，恐改过不及了。

9 谋人：谋臣。古之谋人，《书集传》："古之谋人，老成之士也。"指蹇叔等。

10 就：顺从。忌：当从《说文》作"惎"，《广雅·释诂》："惎，意志也。"未就予忌，未顺从我的意志。

11 今之谋人：《书集传》："今之谋人，新进之士也。"指杞子。

12 姑：且，将。

13 虽则：复音连词，表转折，可译为"虽然"。然：这样。指代上文"惟今之谋人，姑将以为亲"。

14 猷：通"犹"，还。尚猷，同义复音关联副词。《古代汉语虚词通释》："尚猷、尚犹、犹尚连用意同。"询：谋。黄发：老人。老人头发白而复黄，所以用黄发来指老人。这里是指蹇叔等老臣。蹇叔、百里奚均是暮年被起用，二人均都曾劝阻秦穆公伐郑，事迹见《史记·秦本纪》。

15 愆：过失。

[译文]

穆公说："啊！我的官员们，听着，不要喧哗！我有重要的话告诉你们。

"古人有话说：'人都随心所欲，就会多出差错。'责备别人不是难事，受到别人责备，听从它如流水一样地顺畅，这就困难啊！我心里的忧虑，在于时间一天天过去，就不回来啊！

"老成的谋臣，我却认为不顺从我的意志；新进的谋臣，我将要以他们为亲人。虽说这样，还是要请教黄发老人，才没有失误。

以上第一段，穆公深悔不听老臣谏言，认识到决定军国大事必须倚重老臣。

"番番良士¹，旅力既愆²，我尚有之³。仡仡勇夫⁴，射御不违⁵，我尚不欲⁶。惟截截善谝言⁷，俾君子易辞⁸，我皇多有之⁹！

"昧昧我思之¹⁰，如有一介臣¹¹，断断猗无他技¹²，其心休休焉¹³，其如有容¹⁴。人之有技，若己有之。人之彦圣¹⁵，其心好之，不啻若自其口出¹⁶。是能容之，以保我子孙黎民¹⁷，亦职有利哉¹⁸！

[注释]

1 番番：番通"皤pó"，白发苍苍的样子。《说文·白部》："皤，老人发白貌也。"

2 旅：通"膂"。《广雅·释诂》："膂，力也。"愆：通"骞"。《诗经·小雅·天保》："不骞不崩。"《毛传》："骞，亏也。"

3 尚：关联副词，还，仍然。下文"我尚不欲"的"尚"同。有之：亲之。古代谓相亲为有。

4　仡仡：勇武壮健的样子。

5　射：射箭。御：驾车。违：失误。

6　欲：喜欢。王引之说："欲，犹'好'也。"

7　截截："截"通"诫jiàn"，浅薄的样子。《公羊传》何休注："诫诫，浅薄之貌。"谝pián：巧言。《说文·言部》："谝，便巧言也。"

8　易辞：当从《公羊传》作"易怠"。王引之说："怠，疑惑也。言使君子易为其所惑也。"见《经义述闻·通说》。

9　皇：大，程度副词，表示程度之深，可译为"太"。《尚书易解》："皇，大也。《公羊传》'皇'作'况'，况，益也。'大'与'益'，义亦相近。"

10　昧昧：情态副词，暗暗。

11　如：连词，表示假设关系，可译为"假如"。见《词诠》。介：个。《大学》引作"个"。

12　断断：情态副词，诚实专一。《广雅·释训》："断断，诚也。"《公羊传》文公十二年何休注："断断，犹专一也。"猗：句中语气助词，无义。技：技能。

13　休休：郑玄说："休休，宽容貌。"

14　其：关联副词，表因果承接关系，可译为"就"、"才"。《经传释词》："其，犹'乃'也。"如：能。《公羊传》引作"能"。

15 彦：美士。这里指贤良。圣：明。

16 不啻：不但。不啻若自其口出，《孔疏》说："爱彼美圣，口必称扬而荐达之，其心爱之，又甚于口，言其爱之至也。"

17 以：连词，表因果关系。

18 职：当。见《词诠》。

[译文]

"白发苍苍的良士，已经年老力衰了，我还是亲近他们。强壮勇猛的武士，射箭和驾车都不错，我还是不大喜爱。只是那些浅薄善辩的人，使君子容易疑惑，我过多亲近他们！

"我暗暗思量着，如果有一个官员，诚实专一而没有别的技能，他的胸怀宽广而能容人。别人有能力，就好像自己拥有一样。别人美好明哲，他的心里喜欢他，又超过了他口头的称道。这样能够容人，用来保护我的子孙众民，也当有利啊！

"人之有技，冒疾以恶之[1]。人之彦圣，而违之俾不达[2]。是不能容，以不能保我子孙黎民，亦曰殆哉！

"邦之杌陧[3]，曰由一人[4]；邦之荣怀[5]，亦尚一人之庆[6]。"

[注释]

1 冒疾：就是媢嫉，妒忌的意思。

2 而：连词，表轻微转折，可译为"却"。违：郑玄说："犹戾也。"违背，阻挠。达：通，顺利。

3 之：如果。《经传释词》："之，犹若也。"杌陧wù niè：不安。

4 曰：通"聿"，句首语气助词，无义。由：介词，由于。

5 怀：安宁。

6 尚：《淮南子·览冥训》高诱注："尚，主也。"可译为"取决于"。"尚"与上文"由"相对。言主一人之庆也。见王引之说。庆：善。

[译文]

"别人有能力，就妒忌，就厌恶。别人美好明哲，却阻挠他，使他不顺利。这样不能宽容人，以之不能保护我的子孙众民，也很危险啊！

"国家的危险不安，是由于一人，国家的繁荣安定，也还是取决于一人的善良啊！"

以上第二段，穆公悔恨待士的偏差，认识到安定国家必须远佞亲贤。

主要参考文献

[唐]孔颖达. 尚书正义. 中华书局1980年影印，清阮元刻《十三经注疏》本

经典释文. [唐]陆德明. 中华书局1983年影印，清徐乾学刻《通志堂经解》本

钱宗武，钱忠弼整理. 书集传. [宋]蔡沈撰. 凤凰出版社2010年

[清]阎若璩. 尚书古文疏证. 上海书店1988年影印，《皇清经解续编》本

[清]江声. 尚书集注音疏. 道光九年（1829年）广东学海堂刊，《皇清经解》本

[清]王鸣盛. 尚书后案. 乾隆四十五年（1780年）东吴王氏原刊本

[清]段玉裁. 古文尚书撰异. 道光九年（1829年）广东学海堂刊，《皇清经解》本

[清]孙星衍. 尚书今古文注疏. 中华书局十三经清人注疏点校本1986年

[清]俞樾. 尚书平议. 光绪二十五年（1899年）春在堂全书本

[清]吴汝纶. 尚书故. 光绪三十年（1904年）王恩绶等刊《桐城吴先生全书》本

[清]孙诒让. 尚书骈枝. 北平燕京大学排印本

[清]皮锡瑞. 今文尚书考证. 中华书局《师伏堂丛书》点校本1989年

[清]王先谦. 尚书孔传参正. 光绪三十年（1904年）虚受堂刊本

章太炎. 古文尚书拾遗. 1943年成都薛氏崇礼堂《章氏丛书续编》本

杨筠如. 尚书覈诂. 陕西人民出版社1959年

于省吾. 双剑誃尚书新证. 北平虎坊桥大业印刷局1934年

曾运乾. 尚书正读. 中华书局 1964年

屈万里. 尚书释义. 台北中国文化大学出版部1984年

蒋善国. 尚书综述. 上海古籍出版社1988年

周秉钧. 尚书易解. 岳麓书社1984年11月

钱宗武. 今文尚书语言研究. 岳麓书社1996年

金景芳，吕绍纲.《尚书·虞夏书》新解. 辽宁古籍出版社1996年

程元敏. 尚书学史. 台北五南图书出版有限公司1997年

钱宗武. 今文尚书语法研究. 商务印书馆2004年

钱宗武，杜纯梓. 尚书新笺与上古文明. 北京大学出版社2004年

顾颉刚，刘起釪. 尚书校释译论. 中华书局2005年

钱宗武. 今文尚书句法研究. 河南大学出版社2011年

钱宗武. 今文尚书词汇研究. 河南大学出版社2012年

钱宗武. 尚书诠释研究. 社会科学文献出版社2017年

钱宗武. 尚书传承研究. 湖南人民出版社2017年